U0844945

最新物流师职业资格认证培训考试指导书

仓储与配送实务

习题与解答

霍　红　徐玲玲　主编

中国财富出版社

图书在版编目（CIP）数据

仓储与配送实务习题与解答／霍红，徐玲玲主编．—北京：中国财富出版社，2013.1(2019.2 重印)
（最新物流师职业资格认证培训考试指导书）
ISBN 978-7-5047-4550-7

Ⅰ.①仓… Ⅱ.①霍…②徐… Ⅲ.①仓库管理—资格考试—题解 ②物流配送中心—资格考试—题解 Ⅳ.①F253-44

中国版本图书馆 CIP 数据核字（2012）第 268138 号

策划编辑	郑欣怡	**责任印制**	尚立业
责任编辑	郑欣怡	**责任校对**	孙会香　杨小静

出版发行	中国财富出版社（原中国物资出版社）		
社　　址	北京市丰台区南四环西路 188 号 5 区 20 楼	**邮政编码**	100070
电　　话	010-52227588 转 2048/2028（发行部）		010-52227588 转 321（总编室）
	010-52227588 转 100（读者服务部）		010-52227588 转 305（质检部）
网　　址	http://www.cfpress.com.cn		
经　　销	新华书店		
印　　刷	北京京都六环印刷厂		
书　　号	ISBN 978-7-5047-4550-7/F·1886		
开　　本	880mm×1230mm　1/16	**版　　次**	2013 年 1 月第 1 版
印　　张	13.25	**印　　次**	2019 年 2 月第 3 次印刷
字　　数	263 千字	**定　　价**	30.00 元

前　言

仓储与配送是物流的重要组成部分，同时也是商品流通以及社会经济活动中不可缺少的一个环节，在国民经济中起重要作用。在现代物流中，仓储与配送的地位和功能发生了深刻的变化，仓储与配送的功能逐渐向物流中心、配送中心等功能发展，形成多元化的仓储、配送服务，支持全程物流。中国物流与采购联合会同全国物流标准化技术委员会一起，根据加入 WTO 后应与国际惯例接轨，职业资格认证将由行业主管协会负责的趋势，在全国统一推行物流师职业资格认证工作。其中《仓储与配送实务》是物流师考试中的必考科目之一。在结合《仓储与配送实务》教材主要介绍仓储概念、仓库布置和设备选用、进货入库作业、补货及拣货作业、出货作业、配送作业、返品处理作业、仓库管理、信息技术应用等知识的基础上，本书按照章节顺序、考试大纲和考试题型要求，编写了判断题、单选题、多选题、情景问答题、论述题、案例题，可使考生巩固所学知识，熟悉各级考试的各种题型，迅速把握该门课程的学习要点和复习重点，为应试做好充分准备。

本书由霍红、徐玲玲主编，其中单元1至单元6由徐玲玲编写，单元7和单元8由任宗伟编写，单元9由徐玲玲编写，参加本书前期收集资料和后期整理的研究生有岳琳琳、丁旭、刘乙、李敏等，全书由霍红统稿。

由于时间短、水平有限，书中难免有不当之处，恳请广大读者批评指正。

编　者

2012 年 10 月

目　录

试题篇

答案篇

试 题 篇

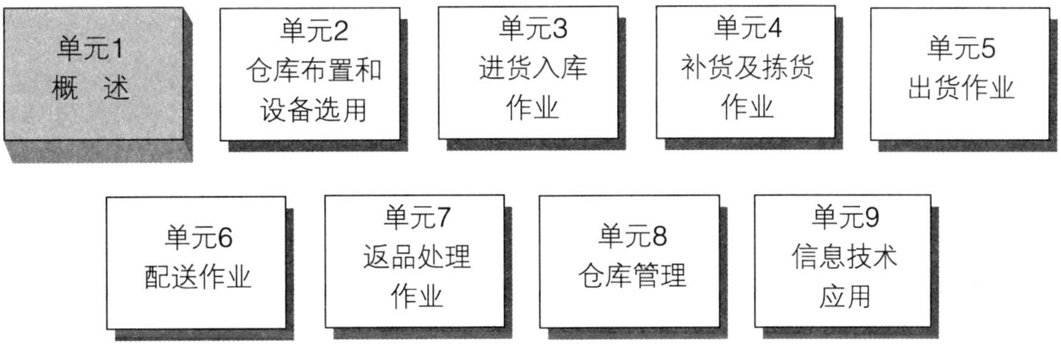

单元1 概 述

本单元学习目标

通过本单元学习，你应该能够：

1. 掌握仓储的定义，认识到仓储在物流活动中的重要地位
2. 区分产品类别和仓库分类
3. 理解储位管理的分区依据和原则
4. 认识堆码的重要性，学会应用不同方法进行堆码
5. 了解流通加工的重要性和其种类
6. 了解传统仓储作业的基本步骤
7. 了解传统运输作业的基本步骤

一、判断题（本类题型所包含的每道小题都只有正确或错误的一种答案，你认为正确的请在答题卡对应的题号上涂 A，错误的涂 B。）

1. 仓储是指利用仓库进行物品的入库、存储、出库的活动。(　　)

2. 仓储过程不仅是货品流通过程顺利进行的必要保证，也是社会再生产过程得以顺利进行的保证。(　　)

3. 保税仓库是指经海关批准设立的专门存放保税货物及其他已经办理海关手续货物的仓库。(　　)

4. 平房仓库是指仓库建筑物是平房，结构很简单，有效高度一般不超过 4 ~ 5 米的仓库。(　　)

5. 仓库根据其不同的功能可分为储备仓库、生产仓库、中转分货型仓库、加工型仓库。(　　)

6. 中转分货型仓库是兼具中转和分货两种特性的仓库，其中转作用具有多品种、小批量的特性，其分货作用又接近于储备型仓库。(　　)

7. 仓库根据选址进行分类可分为港口仓库和内陆仓库。(　　)

8. 对仓库的储位进行分区可分为预备储区、保管储区和动管储区三个部分。(　　)

9. 预备储区是货品进出仓库的一个暂存区，为货品进入下一保管区域而作准备。预备储区是仓库中最大的货品保管区域。(　　)

10. 常见的储位编码方式有区段方式、地址式、坐标式三种。(　　)

11. 笨重、体积大的货品应储存在比较坚固的层架底层或接近出货区。(　　)

12. 周转率高的货物应尽量远离进货、出货区；周转率低的货品应尽量放在接近出货区的地方等。(　　)

13. 货品堆码方式可分为货架堆码和托盘堆码两种。(　　)

14. 货品自身堆垛可分为重叠式、纵横交错式及旋转交错式三种。(　　)

15. 货架堆码适用于小件、品种规格复杂且数量较少、包装简易或脆弱、易损害不便堆

垛的货物，尤其是价值较高并需要经常查数的货物。(　　)

16. 货架堆码经常采用“六号定位法”，六号分别是库号、仓位号、货架号、层号、订单号和货物编号。(　　)

17. 流通加工是指根据顾客的需要，在流通过程中对产品实施的简单加工作业活动的总称。(　　)

18. 为在流通过程中保护产品、方便储运、促进销售，按一定技术方法而采用的容器、材料及辅助物等的总体名称叫做包装。(　　)

19. 物流过程中的包装是指关于盛装货品的容器、材料及辅助货品等包装物。(　　)

20. 物流过程中的包装不仅指容器、材料等包装物，还包括实施盛装、封缄和包装等的包装技术活动。(　　)

21. 货品的外包装主要通过美化货品，实现吸引顾客和促销目的。(　　)

22. 货品的内包装对货品有一定的保护作用，可使其免受日晒、风吹、雨淋、灰尘沾染等自然因素的侵袭，防止挥发、渗漏、溶化、沾污、挤压等损失。(　　)

23. 货品的内包装的目的主要是为流通环节储、运、调、销带来方便。(　　)

24. 平库是一个面积很大的存储空间，仓库内没有货架，所有货物按照一定的规则堆放在地面上。(　　)

25. 传统仓储作业的主要流程包括货物入库、在库管理、出库、配送四个环节。(　　)

26. 仓储作业中货物入库包括预入库准备、卸货、验收和入库存储四个环节。(　　)

27. 在货物到达仓库之前，仓储方根据货物清单及仓库中货物的存储情况，规划即将入库货物的存储位置，生成入库单。(　　)

28. 货物的入库验收过程包括验收准备、核对单据、检查货物和清点货物数量四个作业。(　　)

29. 在合同中有明确规定要抽检或开箱检查的货物，应该要按规定检查，确认货物的品种、规格、生产日期、质量等是否符合要求。(　　)

30. 在验收货物时，要清点货物的整件数量，必须开箱检查清点箱内数量。(　　)

31. 在入库验收过称中，若发现验收需要的证件不齐全时，应及时向采购部门索取，到库货物应作为待检验品堆放在待验区，待证件到齐后再进行验收。(　　)

32. 当货物到达仓库时，若发现货物外包装出现严重破损、变形和水渍等情况时，要及时通报货主单位，等待处理意见，得到处理意见前，不可入库或退回。(　　)

33. 在验收过程中，若发现入库货物数量短缺或溢余在规定范围时，应通知货主单位进行解决。(　　)

34. 收缩膜包装机的优点是通过调整底部的脚轮可向各方向随意推动，并可根据包装物尺寸任意调整高低。(　　)

35. 货物的在库管理主要包括实施养护与安全作业、仓储库存管理两个部分。(　　)

36. 仓储库存管理是指对货物的计划、组织和控制的过程，从而调节供给和需求，保证商品流通的顺利进行。(　　)

37. 盘点作业的基本原则是账实分离账面盘点。(　　)

38. 进行货物盘点时，应根据实物与账面一一盘点，若出现差异，打差异单，并交由采购员处理，并在盘点单上进行记录。(　　)

39. 货卡应插放在货物上方的货物支架上或摆放在货垛正面的明显位置。(　　)

40. 给货物建档案时，应做到一物一档。(　　)

41. 在拣货作业过程中，拣货员根据信息员提供的拣货单到仓库拣货，拣货员主要依靠经验和记忆，拣货效率高。(　　)

42. 出库作业是仓库根据客户开出的提货单，按其所列的货品名称、规格、数量、时间和地点等项目，组织货品出库，并进行登账、备货、复检、点交清理和送货等一系列工作的总称。(　　)

43. 货物出库时，仓管员应核对提货单与库内出库单的货物名称、规格、数量、包装等信息内容是否一致。(　　)

44. 货物出库时，在备货后进行复核可采用专人复核和保管员互核两种方法。(　　)

45. 货物出库时，在清点交接完成后，由提货人员在出库单上填写数量，并签字；再由保管员在出库单和提货单上签字。(　　)

46. 货物出库过程中发现货品型号规格开错，制票员同意退票后，保管员应按入库验收程序重新验收入库。(　　)

47. 货物出库后，保管员若发现账实不符，要派专人及时查找追回，以减少损失，不可久拖不解决。(　　)

48. 传统运输作业的主要流程包括业务受理、取货作业、集货作业、装车发运、在途跟踪、到达卸货和送货签单七个环节。(　　)

49. 在运输作业中，当客服人员接收客户的业务申请后，要先判断此业务是否属于公司

的业务范围。(　　)

50. 物流是指物品从供应地向接收地的实体流动过程。(　　)

51. 运输作业业务受理的作业流程包括接收客户委托、业务分析及审核、录入 TMS 系统、保存订单、TMS 系统生成订单、审核 TMS 系统订单和订单提交至调度模块。(　　)

52. 仓储具有连接生产与消费的纽带和桥梁的作用。(　　)

53. 仓储能够在货物进入市场前完成整理、包装、质检、分拣等作业，有助于加快货物的流通速度。(　　)

54. 橡胶制品属于多种原材料制成的货品。(　　)

55. 电视机属于多种原材料制成的货品。(　　)

56. 产品按照用途可以分为生产物资和生活物资。(　　)

57. 煤炭是一种生活物资。(　　)

58. 纺织用品是一种生产物资。(　　)

59. 货品根据其在生产过程中所处的不同位置，可以分为原材料、半成品和成品。(　　)

60. 物流的两项基本功能是运输（包括配送）和仓储。(　　)

61. 在进行仓储活动时，需要对不同的货品确定类型。(　　)

二、单选题（本类题型所包括的每道小题只有一个正确答案，请在给出的选项中选出正确答案。）

1. 仓库中最大、最重要的货品保管区域是（　　）。

A. 预备储区　　B. 保管储区　　C. 动管储区　　D. 移动储区

2. 仓库中进行拣货作业的工作区是（　　）。

A. 预备储区　　B. 保管储区　　C. 动管储区　　D. 移动储区

3. 以下不属于储位管理原则的是（　　）。

A. 存储空间明确　　B. 货品特性合理　　C. 储位数量合理　　D. 变动更新及时

4. 以下关于堆码重要性描述不正确的是（　　）。

A. 堆码要与所采用的机械作业相匹配

B. 堆码对维护货品质量具有重要的意义

C. 堆码便于盘点货物的数量

D. 堆码能够充分利用库房容积并提高装卸作业效率

5. 以下关于流通加工的重要性描述不正确的是（　　）。

A. 流通加工是物流的重要利润来源

B. 流通加工使运输更加便利

C. 流通加工缩短了消费的距离

D. 流通加工在国民经济中是一种重要的加工形式

6. 将液体产品按预定剂量灌注到包装容器内的机器是（　　）。

A. 收缩包膜机　　B. 封口机　　C. 贴标签机　　D. 灌装机

7. 采用黏合剂或其他方式将标签粘贴在包装件或货品上的机器是（　　）。

A. 收缩包膜机　　B. 封口机　　C. 贴标签机　　D. 灌装机

8. 在货物验收环节中，当货物到达后，仓管员需要确认货物的名称、规格、数量和包装等内容是否一致的单证是（　　）。

A. 送货单　　B. 入库单

C. 送货单和入库单　　D. 运输单和入库单

9. 货品养护是指货物需要进行的保养和维护的过程是（　　）。

A. 储存过程　　B. 入库过程　　C. 出库过程　　D. 运输过程

10. 以下不属于出库复核的方法是（　　）。

A. 专人复核　　B. 提货员互核　　C. 保管员互核　　D. 自我复核

11. 传统运输作业的第一步是（　　）。

A. 取货作业　　B. 业务受理　　C. 集货作业　　D. 装卸搬运

12. WMS 的缩写是（　　）。

A. 配送管理系统　　B. 库存管理系统　　C. 仓储管理系统　　D. 运输管理系统

13. 按照产品原材料分类的产品有（　　）。

A. 医药用品　　B. 塑料制品　　C. 棉纺织品　　D. 在制品

14. 罐式仓库的分类依据是（　　）。

A. 按用途　　B. 按结构和构造

C. 按功能　　D. 按技术处理及保管方式

15. 危险品仓库的分类依据是（　　）。

A. 按用途　　B. 按结构和构造

C. 按功能　　D. 按技术处理及保管方式

16. 保税仓库的分类依据是（　　）。

A. 按用途　　B. 按结构和构造

C. 按功能　　D. 按技术处理及保管方式

17. 在进行储位管理时，可以根据作业方式的不同，对储位进行分区，以下分区正确的是（　　）。

A. 存货区　　B. 预备储区　　C. 流通区　　D. 包装区

18. 将货品整齐、规则地摆放成货垛的作业是（　　）。

A. 堆码作业　　B. 装卸搬运作业　　C. 流通加工作业　　D. 运输作业

19. 从与物流的相关度看，包装可以分为（　　）。

A. 内包装　　B. 外包装　　C. 内包装和外包装　　D. 商业包装

20. 能够给流通环节储、运、调、销带来方便是（　　）。

A. 内包装　　B. 外包装　　C. 内包装和外包装　　D. 商业包装

21. 将产品盛装在包装容器内后，对容器进行封口的机器是（　　）。

A. 收缩膜包装机　　B. 灌装机　　C. 封口机　　D. 贴标签机

22. 物流包含的两项基本功能是运输和（　　）。

A. 仓储　　B. 装卸搬运　　C. 流通加工　　D. 包装

23. 生产仓库的分类依据是（　　）。

A. 按用途　　B. 按结构和构造

C. 按功能　　D. 按技术处理及保管方式

24. 港口仓库的分类依据是（　　）。

A. 按用途　　B. 按结构和构造　　C. 按功能　　D. 按选址

25. 利用空间概念来编排储位的方式的是（　　）。

A. 区段方式　　B. 地址式　　C. 坐标式　　D. 品项群别方式

26. 利用保管区域中的现成参考单位，例如建筑物栋、区段等，依照其相关顺序进行编码的是（　　）。

A. 区段方式　　B. 地址式　　C. 坐标式　　D. 品项群别方式

27. 适用于小件、品种规格复杂且数量较少、包装简易或脆弱、易损害不便堆垛的货物的是（　　）。

A. 托盘堆码　　B. 货架堆码　　C. 自身堆码　　D. 叉车堆码

28. 将货物以特定方式堆放在托盘上，然后将码号货物的托盘一层层堆码起来，以充分利用仓库空间的是（　　）。

A. 托盘堆码　　B. 货架堆码　　C. 自身堆码　　D. 叉车堆码

29. 根据客户的需要，在流通过程中对产品实施的简单加工作业活动的总称的是（　　）。

A. 堆码作业　　B. 装卸搬运作业　　C. 流通加工作业　　D. 运输作业

30. 为防止海产品在运输过程中遭受损失，某物流企业对其采取冷冻的方式。这是属于(　　)。

A. 为满足多样化客户需要的流通加工

B. 为保护流通商品安全的流通加工

C. 为提高商品附加值的流通加工

D. 为规避风险，推进物流系统化产生的流通加工

31. 主要对货品起到一定保护作用，使其免受日晒、风吹、雨淋等自然因素的侵袭是(　　)。

A. 商业包装　　B. 内包装

C. 外包装　　D. 内包装和外包装

32. 为在流通过程中保护产品、方便储运、促进销售，按一定技术方法而采用的容器、材料及辅助物等的总体名称的是（　　）。

A. 堆码作业　　B. 装卸搬运作业　　C. 包装作业　　D. 运输作业

三、多选题（本题型所包含的每道小题都有不止一个正确答案，请选出你认为正确的答案，错选和多选者本小题不得分，少选但选项正确的可得到相应的分数。）

1. 仓储作为物流活动中的物流节点所具有的作用有（　　）。

A. 对物流活动中货品的保管作用　　B. 对货物质量的保障作用

C. 保证社会再生产过程顺利进行　　D. 优化库存管理、加快货品周转

E. 为货物进入市场做好准备

2. 仓库根据用途进行分类可分为（　　）。

A. 保税仓库　　B. 公共仓库　　C. 自有仓库

D. 租赁仓库　　E. 储备仓库

3. 仓库根据结构和构造进行分类可分为（　　）。

A. 平房仓库　　B. 多层仓库　　C. 高层货架仓库

D. 散装仓库　　E. 罐式仓库

4. 仓库根据仓储技术进行分类可分为（　　）。

A. 普通仓库　　B. 冷藏仓库　　C. 化学品仓库

D. 恒温仓库　　E. 危险品仓库

5. 储位编码的作用有（　　）。

A. 提高储位资料的准确性

B. 为工作人员提供存取货品的位置依据，以方便货品进出、上架及查询，提高工作效率

C. 可利用电脑进行分析，方便盘点

D. 可以提高调仓、移仓的工作效率

E. 便于仓储及采购管理人员了解掌握储存空间，控制存货量

6. 根据目的性可将流通加工分为（　　）。

A. 为方便运输的流通加工

B. 为满足多样化客户需要的流通加工

C. 为提高商品附加值的流通加工

D. 为保护流通商品安全的流通加工

E. 为规避风险，推进物流系统化产生的流通加工

7. 常见的包装方式包括（　　）。

A. 包装盒　　B. 包装袋　　C. 包装瓶

D. 包装罐　　E. 包装箱

8. 以下作业属于货物入库验收作业流程的有（　　）。

A. 验收准备　　B. 核对单据　　C. 检查货物

D. 清点货物数量　　E. 签收单据

9. 传统货物盘点在盘点前应准备（　　）。

A. 告知货主具体盘点时间　　B. 提醒货主在盘点期间不要送货或提货

C. 结清各种未办手续　　D. 清理仓库的场地

E. 准备盘点表及盘点盈亏表

10. 出库作业的基本步骤包括（　　）。

A. 核对凭证　　B. 备货　　C. 复核

D. 清点交接　　E. 清理现场、登账

11. 出库复核的内容包括（　　）。

A. 名称　　B. 规格　　C. 型号

D. 批次　　E. 数量和单价

12. 下列属于单一原材料制品的有（　　）。

A. 塑料制品　　B. 木制品　　C. 钢铁制品

D. 电冰箱　　E. 棉麻制品

13. 下列属于多种原材料制成品的有（　　）。

A. 塑料制品　　B. 电视机　　C. 钢铁制品

D. 电冰箱　　E. 汽车

14. 储位编码的方法有（　　）。

A. 区段方式　　B. 品项群别方式　　C. 地址式

D. 坐标式　　E. 混合式

15. 储位管理必须遵循的原则有（　　）。

A. 存储空间明确　　B. 货品特性合理　　C. 熟悉库区位置

D. 变动更新及时　　E. 培养技术才能

16. 集封口和收缩功能于一体的自动收缩包装机的收缩膜有（　　）。

A. PDF　　B. POF　　C. PP

D. PVC　　E. PVF

17. 传统仓储作业的主要流程包括的作业环节有（　　）。

A. 货物入库　　B. 在库管理　　C. 拣货

D. 出库　　E. 配送

18. 货物入库的主要作业环节有（　　）。

A. 预入库准备　　B. 卸货　　C. 验收

D. 入库存储　　E. 盘点

19. 取货作业的步骤有（　　）。

A. 编制取货单　　B. 接受取货指令并安排车辆　　C. 准备取货单据

D. 处理信息系统　　E. 货运员跟车取货

20. 集货作业的步骤有（　　）。

A. 编制运输计划　　B. 处理 TMS 系统　　C. 打印、传递相关单据

D. 编制集货单　　E. 场站集货作业

21. 装车发运的步骤有（　　）。

A. TMS 待发运模块处理　　B. TMS 发运到达模块处理　　C. 现场装车

D. 发运　　E. 发运到货预报

22. 在途跟踪的步骤有（　　）。

A. 订单查询　　B. 运单跟踪　　C. 运单补录

D. 订单编制　　E. 运单编制

23. 送货签单的步骤有（　　）。

A. 下达送货指令　　B. 编制出货单　　C. 场站出货

D. 送货交接　　E. 系统签收处理

24. 仓储是利用仓库及相关设施设备进行物品的（　　）。

A. 装卸　　B. 入库　　C. 存储

D. 流通　　E. 出库

25. 在对产品进行分类管理时，可以采用的分类方法有（　　）。

A. 产品原材料　　B. 产品产地　　C. 产品用途

D. 在流通中所处的位置　　E. 产品的规格

26. 仓库的分类可以按照不同的分类标准，这些标准包括（　　）。

A. 仓库用途　　B. 结构和构造　　C. 仓库功能

D. 仓储技术和保管方式　　E. 仓库选址

四、情景问答题（请简要回答下面的问题。）

1. A 运输公司承担了一项大型化工厂的大型设备的运输任务，化工厂设备里面有从日本进口的一个直径 4.5 米、长度 35 米、重量 256 吨的反应器，此化工厂位于湖南岳阳。如果你是 A 运输公司的业务经理，你会怎样实施此项目。

2. 小张是某物流公司仓储部的新员工，在进公司之前，他对产品类别及仓库分类涉猎甚少，为了能够顺利快速的进入正常工作状态，他向你请教相关问题，请你简述一下产品类别

及仓库的分类。

3. 你是某物流公司的仓储主管人员，现有一批从某高校来本公司参观实习的学生，请你向他们简要介绍仓库储位是如何分区的。

五、论述题

1. 货物堆码应该符合哪些原则?

2. 在传统的仓储作业流程中，一个合理的货物入库流程是如何操作的?

3. 某公司将其货物存放于某第三方物流公司，当该公司向第三方物流公司开出提货单后，该物流公司应如何组织客户所需货物的出库业务?

六、案例题

广东某物流公司创建于1992年，公司注册资本3.2亿元，经营场所70多万平方米，自有运输车辆1300多部，员工6500多人，是集物流方案策划、货运代理、普通货物运输、集装箱运输、三级危险品运输、仓储配送和货物包装分拣、汽车维修检测功能为一体的第三方物流企业。集团以广州为基地，联接海西、珠三角、长三角、京津唐、华中、西南六个片区物流中心。布设220多家分公司，开设60条省际特快直达专线，25条全国甩挂运输专线，经营网络覆盖全国。

该公司业务活动主要有运输、仓储和配送，其中运输是主要业务活动，配送是公司的副业务。通常，该公司只对长期往来的合同客户提供上门提货和配送业务。

请回答：作为该公司主营业务的运输作业，其基本流程是如何体现的?

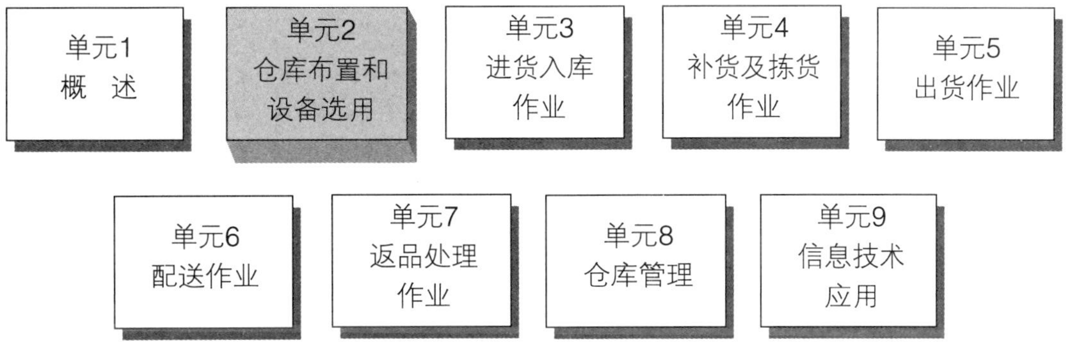

单元 2　仓库布置和设备选用

本单元学习目标

通过本单元学习，你应该能够：

1. 认识仓库布置的考虑因素
2. 掌握仓库布置的方法
3. 掌握存储设备的类型和数量计算
4. 掌握搬运设备的类型和数量计算

一、判断题（本类题型所包含的每道小题都只有正确或错误的一种答案，你认为正确的请在答题卡对应的题号上涂 A，错误的涂 B。）

1. 一般来说，进行仓库布置需要考虑的因素有客户、品项、数量、服务、交货时间和成本 6 个因素。(　　)

2. 当客户类型是零售商时，出货应以整托盘或整箱出货为主。(　　)

3. 进行仓库布置时，若品项数越多，则储位数就越少。(　　)

4. 物流配送渠道的类型与配送出货特性关系很大，渠道越接近消费者，物流作业越精简和简单。(　　)

5. 物流时效越高，仓储的作业要求就越高。(　　)

6. 仓储成本与服务品质在一定范围内成正比。(　　)

7. EIQ 分析法是指将客户、品项、数量放在一起进行交叉分析，其中 EQ 分析适用于存储区和拣货区规划。(　　)

8. EIQ 分析法是指将客户、品项、数量放在一起进行交叉分析，其中 IQ 分析适用于出货区和搬运设备的规划。(　　)

9. 动线是指由人或物在仓库内移动形成的一系列的点连接而成的线。(　　)

10. 动线优化遵循的基本原则是“不迂回、不交叉”。不迂回是为了避免动线冲突，给搬运过程带来不安全的隐患；不交叉是为了防止无效搬运。(　　)

11. U 形动线的进货区和出货区在仓库的两侧。(　　)

12. I 形动线的进货区和出货区在仓库的同一侧。(　　)

13. L 形动线的进货区和出货区分别设置在仓库相邻的两侧。(　　)

14. 若仓库采用 I 形动线布置时，该仓库常用于无库存作业的中转仓库。(　　)

15. 仓库的各区域中，周转区所占面积最大。(　　)

16. 仓库通道区可分为叉车通道区和辅助通道区。(　　)

17. 由于出货常为多品种少批量，且拣货过程较为复杂，需要备货、复核、合流等一系

列的作业，所以出货暂存区一般需要较大区域面积。(　　)

18. 出货暂存区总面积是批次备货门店数与平均每家门店需备货面积的乘积。(　　)

19. 办公区的面积与办公人员成正比，一般人均办公面积需 10 ~ 15 平方米。(　　)

20. 某种货品的总存储面积是该货品每单位所需存储面积与其历史平均存储量及货品存储量的成长系数的乘积。(　　)

21. 叉车通道的设计需要考虑叉车的回转半径，其宽度一般在 5 ~ 6 米。(　　)

22. 叉车充电区一般设置在靠近进货区的仓库角落或户外独立的充电房，以便及时取用叉车。(　　)

23. 物流设备是指进行物流活动所需的机械设备、器具等，这些设备可供长期使用并在使用中保持原有实物形态。(　　)

24. 建筑物及装卸站台都属于一种物流设备。(　　)

25. 托盘是一种搬运设备。(　　)

26. 输送带是一种流通加工设备。(　　)

27. 贴标机是一种存储设备。(　　)

28. 设备需求预测是设备选用的关键。(　　)

29. 货架数量与单位货架的存储能力有关，而与存储货品的量无关。(　　)

30. 一般建议货架层数为 5 ~ 8 层。(　　)

31. 货架区域的占地面积包含货架本身占地的面积和叉车通道、货架间空隙的占地面积。(　　)

32. 如果货箱表面不允许有摩擦损坏的情况时，需要采用金属托盘。(　　)

33. 单向可叉取托盘比双向可叉取托盘使用方便。(　　)

34. 仓库里的托盘既有存储用途又有拣货用途。(　　)

35. 托盘可用于整件货品进行拣货。(　　)

36. 托盘需求数量包括存储用托盘数量和拣货用托盘数量。(　　)

37. 物流箱一般分为有盖物流箱和无盖物流箱。(　　)

38. 搬运设备按照搬运空间不同可分为低位搬运设备和高位搬运设备。(　　)

39. 搬运设备按照搬运动力不同可分为人力搬运设备、电动搬运设备和燃油搬运设备。(　　)

40. 燃油叉车适用于室内作业。(　　)

41. 仓库或物流中心配送车辆按车辆外观可分为普通配送车辆、厢式配送车辆和冷链配送车辆。(　　)

42. 高价值、高精度的货物或需要特种运输条件的货物，一般选择使用社会车辆进行配送。(　　)

43. 仓库或物流中心的配送车辆按是否拥有车辆的自主权可分为自有车辆和社会车辆。(　　)

44. 当客户分布密集时，或者单个客户配送需求量大的，一般采用自有车辆配送。(　　)

45. 当选用外租车辆作为配送车辆时，所使用的成本即为租车费。(　　)

46. 自有车辆的使用成本包括固定成本和变动成本两部分。(　　)

47. 自有车辆固定成本包括车辆折旧费、保险费、养路费、车船使用税、油费等平摊的金额。(　　)

48. 自有车辆变动成本包括油费、过路费、正常保养费等。(　　)

49. 仓库的平面布置通常在建设仓库之前就已规划完毕。(　　)

50. 仓库布置时，可以根据仓库运营实际情况对各功能区域进行合并或增加。(　　)

51. 动线优化遵循的基本原则是“不迂回、不交叉”。(　　)

52. 周转区面积需求与进出货流程设计无关，包含入库暂存区、出库暂存区。(　　)

53. 周转区由于进货常为大批量少品种，且检验完毕后立刻可以上架存储，所以进货暂存区的面积不大。(　　)

54. 物流设备是指进行物流活动所需的机械设备、器具等，可供长期使用并在使用中保持原有实物形态，包括建筑物、装卸站台等基础设施。(　　)

55. 选用仓储设备时，设备需求预测是设备选用的关键。(　　)

56. 存储设备有很多种，一般包括货架、托盘、物流箱等。(　　)

57. 一般情况下，随着业务量的增长，库存量也会不断增大，也需要考虑。(　　)

58. 如果货箱表面不允许有摩擦损坏的情况，就需要采用塑料托盘。(　　)

59. 整件货品需要采用托盘进行拣货，而拆零货品采用物流箱进行拣货。(　　)

60. 社会车辆的使用成本主要是外租费、管理费和税金。(　　)

二、单选题（本类题型所包括的每道小题只有一个正确答案，请在给出的选项中选出正确答案。）

1. 仓库布置的影响因素中，E 代表的是（　　）。

A. 配送的对象或客户
B. 配送货品的种类
C. 配送的渠道
D. 配送的服务水平

2. 仓库布置的影响因素中，I 代表的是（　　）。

A. 配送的对象或客户
B. 配送货品的种类
C. 配送的渠道
D. 配送的服务水平

3. 仓库布置的影响因素中，Q 代表的是（　　）。

A. 配送的对象或客户
B. 配送货品的种类
C. 配送货品的数量和库存量
D. 物流配送时效

4. 仓库布置的影响因素中，R 代表的是（　　）。

A. 物流运作成本和建造成本
B. 配送货品的种类
C. 配送的渠道
D. 配送的服务水平

5. 仓库布置的影响因素中，S 代表的是（　　）。

A. 配送的对象或客户
B. 物流配送时效
C. 配送的渠道
D. 配送的服务水平

6. 仓库布置的影响因素中，T 代表的是（　　）。

A. 配送货品的种类
B. 物流配送时效
C. 配送的渠道
D. 物流运作成本和建造成本

7. 仓库布置的影响因素中，C 代表的是（　　）。

A. 配送货品的种类
B. 配送货品的数量和库存量
C. 配送的渠道
D. 物流运作成本和建造成本

8. 下列进货区和出货区是在仓库的同一侧的动线设计是（　　）。

A. U 形动线　B. I 形动线　C. L 形动线　D. T 形动线

9. 下列进货区和出货区是在仓库的两个方向的动线设计是（　　）。

A. U 形动线　B. I 形动线　C. L 形动线　D. T 形动线

10. 下列进货区和出货区是在仓库的相邻两侧的动线设计是（　　）。

A. U 形动线　B. I 形动线　C. L 形动线　D. T 形动线

11. 叉车通道的宽度一般要设计成宽度为（　　）。

A. 1 ~ 2 米　B. 2 ~ 3 米　C. 3 ~ 4 米　D. 4 ~ 5 米

12. 辅助通道的宽度一般要设计成宽度为（　　）。

A. 1～2 米　　B. 2～3 米　　C. 3～4 米　　D. 4～5 米

13. 人行通道的宽度一般要设计成宽度为（　　）。

A. 0.8～1.2 米　　B. 1～2 米　　C. 1.2～2 米　　D. 1.4～2.2 米

14. 在仓储作业过程中，用于拣货的设备是（　　）。

A. 货架　　B. 托盘　　C. 物流箱　　D. 叉车

15. 某超市为了搬运货物而购置了三台液压托盘车，此设备是属于（　　）。

A. 高位搬运设备　　B. 人力搬运设备　　C. 电动搬运设备　　D. 燃油搬运设备

16. 不属于进货入库流程活动的是（　　）。

A. 预收货　　B. 卸货　　C. 验收　　D. 搬运

17. 下列活动属于仓库管理作业的是（　　）。

A. 接单　　B. 盘点　　C. 补货　　D. 包装

18. 下列活动属于补货和拣货作业的是（　　）。

A. 接单　　B. 盘点　　C. 补货　　D. 包装

19. 下列活动属于流通加工作业的是（　　）。

A. 接单　　B. 盘点　　C. 补货　　D. 包装

20. 下列活动属于订单处理作业的是（　　）。

A. 接单　　B. 盘点　　C. 补货　　D. 包装

21. 下列活动属于出货作业的是（　　）。

A. 接单　　B. 盘点　　C. 复核　　D. 返品处理

22. 下列活动属于返品处理作业的是（　　）。

A. 接单　　B. 盘点　　C. 复核　　D. 返品处理

23. 如果返品处理的量不大，也可将返品处理区删减，直接并入（　　）。

A. 入库检验区　　B. 入库暂存区　　C. 返品处理区　　D. 转运作业区

24. U 形动线特点（　　）。

A. 适合越库作业　　B. 常用于无库存作业的中转仓库

C. 可同时处理“快流”及“慢流”货物　　D. 方便叉车进出仓库

25. I 形动线特点（　　）。

A. 适合越库作业　　B. 常用于无库存作业的中转仓库

C. 可同时处理“快流”及“慢流”货物　　D. 方便叉车进出仓库

26. L 形动线特点（　　）。

A. 适合越库作业　　B. 常用于无库存作业的中转仓库

C. 可同时处理“快流”及“慢流”货物　　D. 方便叉车进出仓库

27. 仓库中各区域不包括（　　）。

A. 存储区　　B. 周转区　　C. 功能区　　D. 暂存区

28. 面积需求与进出货流程设计有关，包含入库暂存区、出库暂存区的是（　　）。

A. 存储区　　B. 周转区　　C. 功能区　　D. 通道区

29. 所占面积最大，需考虑存储方式，包含货架存储区和平面存储区功能区的是（　　）。

A. 存储区　　B. 周转区　　C. 功能区　　D. 通道区

30. 所占面积相对较小但属刚性需求包含办公区、验收区、流通加工区的是（　　）。

A. 存储区　　B. 周转区　　C. 功能区　　D. 通道区

31. 面积也属于刚性需求，包含主通道、货架通道、人行道等的是（　　）。

A. 存储区　　B. 周转区　　C. 功能区　　D. 通道区

32. 下列属于物料性质项目的是（　　）。

A. 外观　　B. 内容物特性　　C. 破损率　　D. 包装率

33. 下列属于单品项目的是（　　）。

A. 外观　　B. 内容物特性　　C. 破损率　　D. 包装率

34. 下列属于基本包装项目的是（　　）。

A. 外观　　B. 内容物特性　　C. 破损率　　D. 包装率

35. 物流设备不包括（　　）。

A. 存储设备　　B. 装卸站台　　C. 搬运设备　　D. 流通加工设备

36. 下列设备属于存储设备的是（　　）。

A. 叉车　　B. 托盘　　C. 贴标机　　D. RF 终端

37. 下列设备属于搬运设备的是（　　）。

A. 叉车　　B. 托盘　　C. 贴标机　　D. RF 终端

38. 下列设备属于流通加工设备的是（　　）。

A. 叉车　　B. 托盘　　C. 贴标机　　D. RF 终端

39. 不属于配送车辆的选用需要考虑的因素的是（　　）。

A. 货物性质　B. 客户属性　C. 成本效益　D. 车辆类型

40. 自有车辆固定成本包括（　　）。

A. 油费　B. 养路费　C. 过路费　D. 司机成本

三、多选题（本题型所包含的每道小题都有不止一个正确答案，请选出你认为正确的答案，错选和多选者本小题不得分，少选但选项正确的可得到相应的分数。）

1. 进行仓库布置时，常见的动线类型有（　　）。

A. U 形动线　B. I 形动线　C. L 形动线

D. H 形动线　E. Y 形动线

2. 仓库布置中，U 形动线的特点有（　　）。

A. 月台资源能综合运用　B. 可用于无库存作业的中转仓库

C. 使用同一车道供车辆出入　D. 适合越库作业

E. 易于控制和货物安全防范

3. 下列不同类型的动线中，能用于应对进出货高峰同时发生的动线有（　　）。

A. U 形动线　B. I 形动线　C. L 形动线

D. H 形动线　E. Y 形动线

4. 仓库布置中，L 形动线的特点有（　　）。

A. 使用同一车道供车辆出入　B. 易于控制和货物安全防范

C. 可以应对进出货高峰同时发生的情况　D. 适合有库存和无库存同时并存的作业

E. 可同时处理“快流”及“慢流”货物

5. 对仓库中各区域进行归类，可分为（　　）。

A. 存储区　B. 周转区　C. 功能区

D. 通道区　E. 办公区

6. 规划新建仓库时应特别注意（　　）。

A. 了解其需求背景　B. 库房土建设计和仓库布置同步完成

C. 优化作业流程　D. 建造总成本最低　E. 仓库外观美化

7. 货架按照承重或者存放模式的不同可以分为（　　）。

A. 重量型货架　　B. 重力式货架　　C. 中量型货架

D. 低量型货架　　E. 轻量型货架

8. 托盘按材质进行分类可分为（　　）。

A. 木托盘　　B. 单面托盘　　C. 塑料托盘

D. 金属托盘　　E. 双面托盘

9. 托盘按构造特点进行分类可分为（　　）。

A. 单面托盘　　B. 双面托盘　　C. 九脚托盘

D. 川字形托盘　　E. 金属托盘

10. 配送车辆按照是否拥有自主权可分为（　　）。

A. 普通配送车辆　　B. 自有车辆　　C. 社会车辆

D. 厢式配送车辆　　E. 冷链配送车辆

11. 配送车辆按照车辆外观进行分类可分为（　　）。

A. 普通配送车辆　　B. 自有车辆　　C. 社会车辆

D. 厢式配送车辆　　E. 冷链配送车辆

12. 选用配送车辆时应考虑（　　）。

A. 货物数量　　B. 货物性质　　C. 客户属性

D. 成本效益　　E. 客户坐标

13. 一般来说，进行仓库布置需要考虑的因素有（　　）。

A. 渠道（R）　　B. 服务（S）　　C. 交货时间（T）

D. 成本（C）　　E. 数量（Q）

14. U 形动线特点（　　）。

A. 月台资源能综合运用　　B. 适合越库作业

C. 使用同一车道供车辆出入　　D. 易于控制和货物安全防范

E. 可以应对进出货高峰同时发生的情况

15. 动线优化遵循的基本原则是“不迂回、不交叉”，不迂回是为了（　　）。

A. 节省仓库空间　　B. 防止无效搬运　　C. 避免动线冲突

D. 避免搬运过程带来不安全的隐患

E. 节省时间

16. 物流设备主要有（　　）。

A. 存储设备　　B. 搬运设备　　C. 流通加工设备

D. 建筑物　　E. 装卸站台

17. 搬运设备是保证各项仓储作业顺利进行的重要工具，按照搬运动力不同可分为（　　）。

A. 输送带　　B. 电动　　C. 燃油

D. 托盘车　　E. 人力

18. 仓库或物流中心要进行正常的经营活动，需要配备充足的配送车辆，社会车辆的使用成本主要是（　　）。

A. 折旧费　　B. 外租费　　C. 管理费

D. 维修费　　E. 油费

19. 配送车辆的选用需要考虑（　　）。

A. 货物性质　　B. 客户属性　　C. 成本效益

D. 运输条件　　E. 车辆性能

20. 自有车辆的使用成本包括（　　）。

A. 车辆折旧费　　B. 维修费　　C. 油费

D. 通行费　　E. 税金和保险

21. 配送车辆按车辆外观一般分为（　　）。

A. 普通配送车辆　　B. 厢式配送车辆　　C. 冷链配送车辆

D. 自有车辆　　E. 社会车辆

22. 仓库业务流程分析时涉及的区域包括（　　）。

A. 入库月台区　　B. 入库验收区　　C. 入库暂存区

D. 办公区　　E. 返品区

23. 属于进货入库作业流程内容的是（　　）。

A. 预收货　　B. 入库上架　　C. 库存安全

D. 盘点　　E. 库存分配

24. 属于仓库管理作业流程内容的是（　　）。

A. 预收货　　B. 入库上架　　C. 库存安全

D. 盘点　　E. 库存分配

25. 属于订单处理作业流程内容的是（　　）。

A. 接单　　B. 入库上架　　C. 盘点

D. 库存分配　　E. 补货

26. 属于补货和拣货作业流程内容的是（　　）。

A. 接单　　B. 拣选　　C. 盘点

D. 库存分配　　E. 补货

27. 属于流通加工作业流程内容的是（　　）。

A. 复核　　B. 拣选　　C. 包装

D. 库存分配　　E. 标示

28. 属于出货作业流程内容的是（　　）。

A. 复核　　B. 拣选　　C. 合流

D. 库存分配　　E. 点货上车

29. 属于功能区特点的是（　　）。

A. 所占平面面积最大　　B. 面积需求与进出货流程设计有关

C. 所占平面面积较少　　D. 面积需求与货物存储方式有关

E. 面积需求属于刚性

30. 属于存储区特点的是（　　）。

A. 所占平面面积最大　　B. 面积需求与进出货流程设计有关

C. 所占平面面积较少　　D. 面积需求与货物存储方式有关

E. 面积需求属于刚性

四、情景问答题（请简要回答下面的问题。）

1. 某家电企业新建一仓库，总面积约为2000平方米。为了提高仓库的利用率，公司决定选用高层货架和叉车作为主要存储与搬运设备，叉车通道以及货架间隙共为3米，货架规格为长×宽=2×1.5（米），每组的价格为5000元，如果你是一名仓储主管，你觉得该选择哪种形式的货架？应该购买多少组以上规格的货架，使得仓库的利用率达到90%？

2. 某仓库欲购买货架，货架类型为5层重量型货架，其存储货品的类型和平均存储量如下表所示，计算其需要的货架组数。

货品类型	平均库存量	每托盘存放量
A 类	20000 单位	100 单位
B 类	35000 单位	50 单位
C 类	12000 单位	60 单位

3. 小王在某地新建一物流中心，此物流中心需要配备充足的配送车辆，但犹豫的是要购置车辆还是外租社会车辆。请您向他介绍在选用配送车辆时需要考虑的因素。

4. 某企业物流中心配送下游 1000 家零售店，其中，每天需要配送 1 次的门店有 600 家，每 2 天需要配送 1 次的门店有 400 家。每家门店备货需要的面积平均为 4 平方米。由于门店较多，该配送中心采用分批次备货的方式，每天备货出货的时间为 2 小时，每半小时备 1 次货。请计算需要的出货暂存区面积。

5. 某公司近年由于业务量的不断增长，决定建立一间自有仓库来满足目前公司的仓储需求。于是在厂区内新建一间库房，面对这个大型仓库，该公司的仓库主管希望能布置成应有的目标。请简述仓库总平布置的目标。

五、论述题

1. 某公司欲新建一个现代化仓库，在进行仓库布置时该公司应考虑哪些因素？
2. 常见的动线有哪些类型？各类动线的特点是什么？
3. 托盘的需求量分哪几个部分，每部分的需求量如何确定？

六、案例题

某公司近年由于业务量的不断增长，之前的一间仓库已经不能满足目前的仓储需求，于是决定在厂区内新建一间占地面积 2000 平米的上下 2 层的库房。目前该库房已经建成完毕。但面对这个新的大型仓库，该公司的仓库主管却不知该如何来布置。请你以一名物流专业学生的身份为该公司主管设计一套流程。

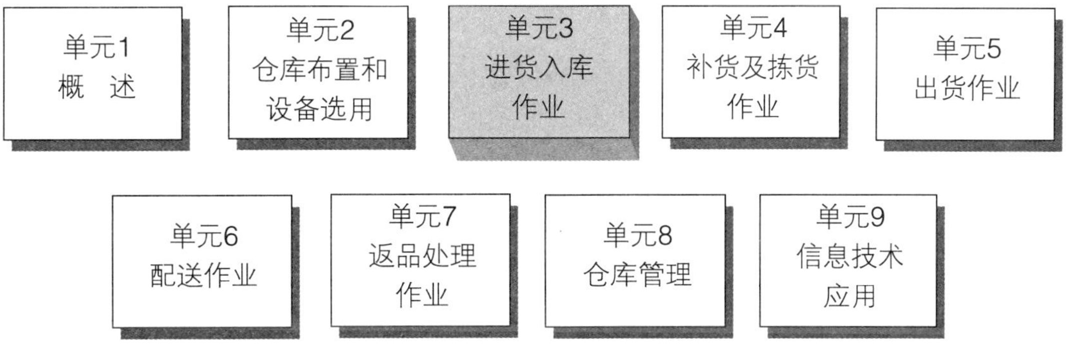

单元3　进货入库作业

本单元学习目标

通过本单元学习，你应该能够：

1. 掌握预收作业流程
2. 掌握卸货作业管理和设备的使用方法
3. 掌握验收作业流程和验收方法
4. 掌握入库上架流程和相关设备的作用方法

一、判断题（本类题型所包含的每道小题都只有正确或错误的一种答案，你认为正确的请在答题卡对应的题号上涂 A，错误的涂 B。）

1. 卸货作业是仓库收储与配送过程的开始，是供应商送货与货品入库存储的过渡阶段，起着承前启后的重要作用，它的作业质量决定着整个物流作业过程能否顺利开始。（　　）

2. 预收货作业主要是仓库与供应商双方核对单证信息的作业。（　　）

3. 门卫按照预约时间指导车辆停放在合适的位置。未到预约时间，车辆严格按照规定排队等候，如果确实出现紧急情况可以放行。（　　）

4. 预检可以第一时间了解供应商送货是否存在差异，避免差异货品重复装卸、检验等作业，浪费时间和资源。（　　）

5. 预检可以核对货品数量和金额等信息是否一致，但是不能降低退货可能性。（　　）

6. 预检虽然增加了一个作业环节，但是节约了作业时间，也降低了作业成本。（　　）

7. 预检只是双方单证进行比对，不能准确知晓到货实际情况。（　　）

8. 根据供应商提供的送货单与信息系统里订单信息进行核对，就会避免出现送货单信息与订单信息不一致的情况。（　　）

9. 如果在供应商提供的送货单与信息系统里订单信息进行核对时，发现两者之间有不一致的地方，要与公司信息中心联系，确认是否为漏做订单。（　　）

10. 在日常管理中，可以用预收货差异次数或预收货差异率来对预收货作业进行评价。（　　）

11. 卸货作业是将到达货品从车辆或其他运输工具上转移到相应暂存区的过程，是货品一个重要的空间转移过程，该作业的质量对货品在流通过程中破损率的高低没有影响。（　　）

12. 装卸搬运人员的素质和技能以及所使用的工具都会影响到货物的卸货效率和货损的程度。（　　）

13. 信息中心预检员岗位技能要求该人员必须熟悉货物进出仓库的流程。（　　）

14. 常用的卸货作业设备主要有装卸设备和运输设备两大类。（　　）

15. 叉车的性价比高，则经济效益好。(　　)

16. 叉车的标准载重、装卸搬运高度等特点属于叉车本身的参数。(　　)

17. 我国现行托盘国家标准有两种规格，分别为1200mm×1000mm和1100mm×1100mm，优先推荐使用1200mm×1000mm规格。(　　)

18. 托盘货品的保护性能比集装箱更具有优势，而且自身不容易损坏。(　　)

19. 使用托盘时叉车可以斜着进出托盘。(　　)

20. 预收作业决定着货品流通过程中破损率的高低，利用先进的卸货技术可有效提高卸货作业效率并保证卸货货品质量。(　　)

21. 操作相对简单，层次之间有一定的咬合效果，稳定性比重叠式好是旋转交错式堆码方式的优点。(　　)

22. 纵横交错式的堆码方式是指相邻两层货品的摆放旋转90°，一层为横向放置，另一层为纵向放置，层次之间交错堆码。(　　)

23. 旋转交错式的堆码方式比较适合自动装盘堆码作业。(　　)

24. 托盘货品的加固是保证货物稳定，防止塌垛的重要技术。(　　)

25. 卸货时要按照包装上的指示，按正确的方向轻取、轻放，防止货品破损。(　　)

26. 卸货作业时要按照包装上的指示，按正确的方向轻取、轻放，防止货品破损。(　　)

27. 堆码时应将条码方向朝外，方便无线射频终端（RF）读取数据。(　　)

28. 预收作业是根据验收依据和凭证，按照验收作业流程，利用测量、测试工具对到达货品的数量和质量进行审核和检验的活动。(　　)

29. 对于延迟交付或未在信息系统登记的货品，仓储管理数据库会自动将供应商的交付日期记录成实际到达日期。(　　)

30. 由于系统会根据已设定的库存策略自动调整安全库存，就会使库存决策出现偏差，有可能影响企业正常运作。(　　)

31. RF系统的核心是仓库管理系统（WMS），它负责数据的处理和存取，并通过网线与A. P相连，由A. P把数据信号通过无线方式发送给RF终端，并且将RF终端反馈回来的数据信号传回WMS。(　　)

32. 检斤是针对按重量供货或以重量为计量单位的货品进行的检验方法，即按重量验收。通常所说的货品重量不一定是指净重。(　　)

33. 质量检验是货品验收的核心环节，对外包装良好的货品，按照一定比例随机抽取货

品进行检验。对外包装有损坏的货品，方法同包装良好的货品。(　　)

34. 加强库管员的培训，使他们熟悉并掌握使用 RF 终端进行入库验收的操作技能，是 RF 验收的关键点之一。(　　)

35. 验收作业可以在供应商代表不在场的情况下进行。(　　)

36. 金属材料、某些化工产品多半是采取检斤法验收。(　　)

37. 所有检斤的货品都应填写“磅码单”。检斤时不允许有磅差。(　　)

38. 若磅差率在允许的磅差范围内，则说明这批货品重量合格，应按实际重量入库。(　　)

39. 抽样检验货品时，若发现某一类型的货品存在质量问题，只须对存在问题的货品进行检验。(　　)

40. 托盘式货架结构简单，实用性强，可提高空间利用率，是人工作业仓库的主要存储设备。(　　)

41. 托盘式货架专门用于存放托盘货物，承载能力较大，适于存放整托盘货物。(　　)

42. 阁楼式货架的特点是适合与重型搬运设备配合使用，上层货品搬运需配垂直输送设备。(　　)

43. 悬臂式货架需配合跨距较宽的设备使用。一般高度 6m 以下，空间利用率较高。(　　)

44. 对悬臂式货架，为防止货品损伤，悬臂上可加垫木质衬垫或橡胶带起保护作用。(　　)

45. 移动式货架可直接存放货品，不受先进先出的限制。但是相来说机电装置较多，建造成本较高，维护也较困难。(　　)

46. 重力式货架要求货品货位与水平面成一定的倾斜角度，低端作为出货端，而高端作为入货端。(　　)

47. 入库前检查要求检查货品包装、条码和封条是否完好无损，但是不必检查托盘条码是否粘贴正确。(　　)

48. RF 终端货品核对是用 RF 终端扫描粘贴在货品上的条码，根据 RF 终端提示的信息，核对货品的品名、数量、规格、条码号等信息。(　　)

49. 入库存储作业时遵循的面向通道准则是为方便货品在库内移动、存取，需将货品面向通道存放。(　　)

50. 为提高仓库利用率及保证作业安全，应尽量避免使用货架分层存放。(　　)

51. 为防止货品长期存放而变质、损毁、老化，特别是感光材料、食品类货品应遵循先入先出原则。(　　)

52. 进出货频率高的货品应存放在靠近仓库进出口的地方。(　　)

53. 入库存储时相同类型货品可以不存放在相同或相邻位置。(　　)

54. 根据货品形状确定其存放位置和存放方法，标准化包装货品一般存放于货架上，非标准形状货品存放在托盘上。(　　)

55. 为减少作业时间和次数，提高仓库周转速度，要根据货品作业要求，合理选择货品搬运活性。(　　)

56. 叉车可以超载。(　　)

57. 核对托盘货品信息与信息系统内货品品名、数量、规格、条码号等信息是否一致。如果不一致，经过差异处理以后可以上架。(　　)

58. 在入库前检查和 RF 终端货品核对这两个过程中，如果发现差异货品不必在入库单上做详细记录，而应交由收货员处理差异再入库。(　　)

59. 货品上架放入指定储位后，必须用 RF 终端设备扫描货位信息，保证信息系统内托盘货品和货位一一对应。(　　)

60. 货品较少的托盘也应上架。(　　)

二、单选题（本类题型所包括的每道小题只有一个正确答案，请在给出的选项中选出正确答案。）

1. 仓库收储与配送过程的开始，是供应商送货与货品入库存储的过渡阶段，起着承前启后的重要作用的是（　　）。

A. 预收货作业　　B. 卸货作业　　C. 验收作业　　D. 入库上架作业

2. 常规预收货作业的组成部分不包括（　　）。

A. 门卫按照供应商到货预约指导车辆进入仓库，并完成车辆登记

B. 供应商代表（通常是送货司机）到信息中心递交到货单

C. 信息员核对信息系统中的订单信息与供应商代表提供的到货单信息是否一致

D. 仓库管理员清点到货单

3. 门卫对供应商配送车辆进行登记，登记内容不包括（　　）。

A. 车牌号　　B. 驾驶证号　　C. 供应商名称　　D. 货品类别

4. 信息员将供应商提供的送货单与信息系统订单进行核对的项目有（　　）。

A. 货品的种类　　B. 货品的质量　　C. 货品的数量　　D. 货品的包装

5. 进行货品预检的优点是（　　）。

A. 方便差异货品的重复装卸　　B. 节约时间和资源

C. 降低作业成本　　D. 减少作业环节

6. 不需要熟悉办公软件（如 Word、Exexl 等）操作的人员是（　　）。

A. 信息中心预检员　　B. 收货员

C. 叉车理货员　　D. 办公室操作人员

7. 作业的质量对货品在流通过程中破损率的高低影响很大的是（　　）。

A. 预收作业　　B. 卸货作业　　C. 验收作业　　D. 入库上架作业

8. 下列哪一项不属于机械动力叉车（　　）。

A. 平衡重力式叉车　　B. 前移式叉车　　C. 电动托盘叉车　　D. 手动液压堆高车

9. 叉车在物流过程中的主要作用是（　　）。

A. 巡视　　B. 装卸　　C. 暂时储存　　D. 运输

10. 选择叉车要考虑叉车的技术参数，下列属于叉车技术参数的是：（　　）。

A. 通道宽度　　B. 装卸搬运高度　　C. 叉车重量　　D. 叉车形状

11. 托盘的优点不包括（　　）。

A. 成本低，自重小　　B. 装盘容易

C. 托盘本身的回运可以节约资源　　D. 降低包装成本

12. 托盘使用注意事项（　　）。

A. 用叉车叉取托盘时，叉齿可以上下倾斜　　B. 叉车可斜着进出托盘

C. 可以用叉齿推移、拖拉托盘　　D. 严禁甩抛空盘

13. 卸货作业流程不包括（　　）。

A. 入库准备　　B. 车辆进场　　C. 投单　　D. 卸货堆叠

14. 重叠式托盘堆码方式的优点是（　　）。

A. 层与层之间咬合紧密　　B. 操作简单

C. 稳定性好　　D. 不容易发生塌垛

15. 常见的托盘加固方式不包括（　　）。

A. 捆扎　　B. 封条紧固　　C. 黏合加固　　D. 拉伸薄膜加固

16. 卸货前检查外包装是否完整，检查对象有（　　）。

A. 生产日期　　B. 生产厂址　　C. 生产厂家　　D. 商品条码

17. 收货员（兼验货职能）岗位技能要求有（　　）。

A. 熟悉仓库库区的划分　　B. 熟练掌握货品分类知识

C. 熟练掌握电动托盘叉车驾驶、操作技术　　D. 熟练掌握托盘堆码技术

18. 不属于卸货作业评价指标的是（　　）。

A. 卸货效率　　B. 损坏率　　C. 卸货误差率　　D. 单位卸货成本

19. 危险品和一些特殊货品需要在仓库的其他区域进行验收的阶段是（　　）。

A. 预收货品时　　B. 卸货时　　C. 验收货品时　　D. 货品入库时

20. 验收作业过程需要依据单证信息对实到货品进行核对，核对的对象有（　　）。

A. 货品类型　　B. 货品出厂状态　　C. 包装材料　　D. 货品名称

21. RF 系统的核心是（　　）。

A. 仓库管理系统（WMS）　　B. 无线数据采集器（无线终端）

C. 无线网关（A. C. C. E. ss Point 简称 A. P）　　D. 服务器

22. 入库上架作业是进货入库的最后一个环节，该环节的操作步骤不包括（　　）。

A. 入库前准备工作　　B. 搬运到存储区域

C. 将货品存放到指定储位　　D. 整理货架

23. 不属于入库上架作业涉及的设备是（　　）。

A. 搬运工具　　B. 存储设备

C. 信息系统　　D. 检验和数据采集设备

24. 以具有一定强度的金属材料、按一定的要求制成、用来存放货物的几何建筑体，在仓库中占有十分重要的地位，对货物的储存和堆码起着重要作用的是（　　）。

A. 叉车　　B. 货架　　C. 托盘　　D. RF 终端

25. 货架存储的主要特点是（　　）。

A. 能有效提高仓库空间利用率　　B. 不利于实现仓储系统的自动化管理

C. 不容易实现先进先出　　D. 不能结合计算机管理

26. 层架式货架的种类不包括（　　）。

A. 重型货架　　B. 轻型货架　　C. 层格式货架　　D. 托盘式货架

27. 属于阁楼式货架特点的是（　　）。

A. 结构简单，可调整组合，费用低

B. 用于存放规格多样，需要分开放置的货品

C. 不适合与重型搬运设备配合使用，上层货品搬运需配垂直输送设备

D. 可直接存放货品，不受先进先出的限制

28. 悬臂式货架的空间利用率可以达到（　　）。

A. 90%　　B. 50%　　C. 30%　　D. 10%

29. 移动式货架的地面使用率可达（　　）。

A. 90%　　B. 60%　　C. 30%　　D. 80%

30. 驶入、驶出式货架适用于哪种货品（　　）。

A. 太长或太重的货品　　B. 大批量少品种

C. 严格要求先进先出的货品　　D. 危险货品

31. 入库前需要检查（　　）。

A. 托盘条码是否粘贴正确　　B. 货品的生产日期

C. 货品的储存条件　　D. 货品的生产厂址

32. 用 RF 终端扫描粘贴在托盘上的条码，根据 RF 终端提示的信息核对货品的（　　）。

A. 托盘条码是否粘贴正确　　B. 货品的生产日期

C. 货品的条码号　　D. 货品的包装

33. 将货品放入指定存储货位，并用 RF 终端扫描货位条码的是（　　）。

A. 入库前检验　　B. RF 终端货品核对

C. 搬运到储位　　D. 货入储位

34. 货品入库存放的分层堆放原则是为了（　　）。

A. 提高仓库利用率及保证作业安全

B. 方便货品在库内移动、存取

C. 防止货品长期存放而变质、损毁、老化

D. 方便相同类型货品存放在相同或相邻位置

35. 合理的搬运活性的目的不包括（　　）。

A. 减少作业次数　　B. 提高仓库周转速度

C. 减少作业时间　　D. 方便货品在库内移动、存取

36. 叉车启动前的检查不包括（　　）。

A. 制动器是否灵活可靠

B. 检查转向系统有无泄漏

C. 检查油箱内燃油是否充足

D. 检查仓库通道是否在叉车的转弯半径范围内

37. 不属于保管员（负责入库上架）岗位技能要求的是（　　）。

A. 熟悉仓库库区的划分
B. 掌握货品分类知识
C. 熟练掌握叉车驾驶、操作技术
D. 熟练掌握托盘堆码技术

38. 存储区托盘要摆放整齐，货品的摆放应（　　）。

A. 贴托盘码一侧统一向外
B. 按照货品的形状摆放
C. 按货品的尺寸摆放
D. 按托盘的尺寸摆放

39. 入库上架作业的原则不包括（　　）。

A. 尽量使用货架分层存放
B. 相似货品存放在相邻位置
C. 轻货放在货架上层，重货放底层或地面
D. 货架的利用率

40. 我国现行托盘国家标准的尺寸规格是（　　）。

A. 1000mm × 800mm
B. 1200mm × 1000mm
C. 1200mm × 800mm
D. 1000mm × 1000mm

三、多选题（本题型所包含的每道小题都有不止一个正确答案，请选出你认为正确的答案，错选和多选者本小题不得分，少选但选项正确的可得到相应的分数。）

1. 仓储作业的预收货管理内容包括有（　　）。

A. 门卫对到达车辆严格控管
B. 做好到达货品的预检工作
C. 预检到货的差异处理
D. 信息中心预检员岗位技能要求
E. 评价指标

2. 根据到货预约，门卫对供应商配送车辆进行登记，包括（　　）。

A. 车牌号
B. 供应商名称
C. 货品类别
D. 车辆进出时间
E. 司机证件

3. 信息员将供应商提供的送货单与信息系统订单进行核对，查看是否一致的内容是（　　）。

A. 货品的名称
B. 送货的时间
C. 货物类型
D. 货物的规格
E. 货物数量

4. 货品预检的优点（　　）。

A. 预检可以第一时间了解供应商送货是否存在差异，避免差异货品重复装卸、检验等作业，浪费时间和资源

B. 通过预检可以掌握该订单是否为已处理订单、过期订单或提前送货订单，还可以发现信息系统中未录入货品等信息资料

C. 通过单证的比对，预检可以核对货品数量和金额等信息，降低退货可能性

D. 预检增加了一个作业环节，可以节约作业时间，减少作业成本

E. 预检对双方单证进行比对，能够准确知晓到货实际情况

5. 信息中心预检员岗位技能要求有（　　）。

A. 熟悉办公软件（如 Word、Excel 等）的操作

B. 熟悉掌握车辆调度的状况

C. 熟悉公司信息系统预检模块操作

D. 熟悉公司收货流程

E. 熟练使用打印机等设备

6. 常用的卸货作业设备主要有（　　）。

A. 装卸设备　　B. 运输设备　　C. 仓储设备

D. 堆放设备　　E. 射频终端

7. 叉车按照动力装置不同可分为（　　）。

A. 前移式叉车　　B. 平衡重力式叉车　　C. 内燃动力叉车

D. 电瓶叉车　　E. 电动托盘叉车

8. 叉车按照结构特点可分为（　　）。

A. 平衡重力式叉车　　B. 前移式叉车　　C. 电瓶叉车

D. 电动托盘叉车　　E. 内燃动力叉车

9. 按照动力装置不同叉车可分为（　　）。

A. 内燃动力叉车　　B. 电瓶叉车　　C. 平衡重力式叉车

D. 手动液压叉车　　E. 前移式叉车

10. 叉车在物流过程中的主要作用有（　　）。

A. 装卸　　B. 储存　　C. 堆垛

D. 拆垛　　E. 短途搬运

11. 下列关于叉车的特点表述正确的是（　　）。

A. 机械化程度高，机动灵活性强　　B. 功能齐全，可以一机多用

C. 有利于提高装卸作业效率　　D. 能提高仓库空间利用率

E. 有利于托盘运输和集装箱运输

12. 选择叉车要考虑的因素包括（　　）。

A. 可供使用的作业空间　　B. 叉车的转弯半径

C. 叉车技术参数　　D. 货品本身参数　　E. 叉车的材料

13. 托盘的优点包括（　　）。

A. 对货品的保护性能优于集装箱　　B. 可以在露天存放

C. 可节省包装材料，降低包装成本　　D. 成本低，自重小

E. 托盘本身的回运可以节省资源

14. 选择托盘要考虑的因素有（　　）。

A. 堆存货品的体积、形状和重量

B. 托盘运输过程中，前端和后端客户使用的托盘类型

C. 托盘的使用寿命　　D. 托盘的材料　　E. 托盘的规格

15. 托盘使用注意事项包括（　　）。

A. 堆存货品的体积、形状和重量　　B. 严禁甩抛空盘

C. 空托盘应用叉车整齐叠放，避免碰撞和日晒雨淋

D. 如用绳索捆扎货物，捆扎方向应与边板平行

E. 不准用叉齿推移、拖拉托盘

16. 卸货作业流程包括（　　）。

A. 车辆进场　　B. 核对单证　　C. 组织卸货

D. 卸货堆叠　　E. 装卸搬运

17. 常用的托盘堆码方式包括（　　）。

A. 重叠式　　B. 纵横交错式　　C. 旋转交错式

D. 正反交错式　　E. 五五堆放

18. 常见的托盘加固方式有（　　）。

A. 捆扎　　B. 网罩紧固　　C. 加框架紧固

D. 黏合加固　　E. 胶带加固

19. 收货员岗位技能要求有（　　）。

A. 熟练使用打印机等设备　B. 熟练掌握托盘堆码技术　C. 熟悉企业收货流程

D. 熟悉货品的属性和特点　E. 了解装卸设备的性能和安全操作

20. 卸货作业的评价指标包括（　　）。

A. 卸货效率　B. 卸货误差率　C. 单位卸货成本

D. 货物破损率　E. 卸货人员的技术熟练度

21. 影响验收作业的因素有（　　）。

A. 凡货品要进入仓库储存，必须经过检查验收，验收合格的货品才可入库

B. 验收货品时，危险品和一些特殊货品需要在仓库的其他区域进行验收

C. 质量监控过程中，需要把危险货品或其他特殊要求货品隔离一段时间

D. 验收作业过程需要依据单证信息对实到货品进行核对

E. 先进的验收作业设备能提高作业效率

22. 常见的验收设备包括（　　）。

A. 卷尺　B. 磅秤　C. 天平

D. RF 设备　E. 计算机

23. RF（无线射频终端）系统的硬件包括（　　）。

A. 无线数据采集器　B. 无线网关　C. 无线网卡

D. 电脑终端　E. 服务器

24. 验收作业的流程步骤包括（　　）。

A. 清点数量　B. 检查质量　C. 抽样检查

D. 定期抽查　E. 验收准备

25. RF 验收作业的程序（　　）。

A. RF 设备检查　B. RF 验收准备　C. RF 验收

D. 验收完毕　E. 登记检查记录

26. 采用检斤法验收需要注意的问题包括（　　）。

A. 金属材料、某些化工产品多半是采取检斤法验收

B. 进口货品，原则上应全部检斤，但如果订货合同规定按理论换算重量交货，则按合同规定办理

C. 所有检斤的货品都应填写“磅码单”。检斤时，可能会有磅差

D. 按理论需换算成重量验收的货品，首先要通过检尺验收，如金属材料中的板材、型材等，再按规定的换算方法换算成重量验收

E. 若磅差率在允许的范围内，说明这批货品合格，则按实际重量入库

27. 入库上架作业的操作步骤（　　）。

A. 设备检查　　B. 入库前检验　　C. 搬运到存储区域

D. RF 终端商品核对　　E. 签单入库

28. 入库上架作业涉及的设备包括（　　）。

A. 搬运工具　　B. 存储设备　　C. 分拣设备

D. 数据采集设备　　E. 装卸设备

29. 货架存储的主要特点（　　）。

A. 能有效提高仓库空间利用率

B. 货物之间相互不接触、不挤压，减少货损

C. 货物存取方便，结合 WMS 管理，易实现先进先出

D. 可采用防潮、防尘、防盗等措施来提高货物储存质量

E. 有利于实现仓储系统的信息化和自动化管理

30. 保管员（负责入库上架）岗位技能要求（　　）。

A. 熟练掌握办公室软件的操作　　B. 熟练掌握库区储位编码知识

C. 掌握货品分类知识　　D. 熟练掌握叉车驾驶、操作技术

E. 熟悉仓库库区的划分

四、情景问答题（请简要回答下面的问题。）

1. 某第三方物流公司欲引进 RF 技术来提高货物入库作业的效率，请简单介绍 RF 技术在验收、入库上架中的使用方法。

2. 某物流公司的前身是一家运输公司，其主营业务是运输业务，现公司欲发展仓储业务，由于员工经验不足，对货物的入库作业操作的基本原则及货物在库房内的堆放都十分不合理，导致其作业效率低下。请你为他们简述货品入库存放的基本原则。

3. 某公司欲增加货物入库时的预检作业环节，但是在公司管理层会议上意见不一，有人持赞同意见，有人持反对意见。请你为他们简述进行货品预检的优缺点。

五、论述题

1. 论述常见的托盘堆码方式及其特点。

2. 试论述验收作业和入库上架作业流程。

3. 某公司欲购买新货架，请您向该公司采购人员介绍目前常用货架的特点和使用范围。

六、案例题

某仓库长和宽是 48m × 27m，该仓库托盘单元货物尺寸为 1000 mm（宽） × 1200 mm（深） × 1300 mm（高），重量为 1t。仓库若采用窄通道（VNA）系统，可堆垛 6 层，仓库有效高度可达 10m；而其他货架方式只能堆垛 4 层，有效高度为 7m。

下面比较几种不同的货架和叉车、堆垛机系统方案，其货仓容量、叉车类型和最佳性价比。

1. VNA 窄通道系统

该系统货物可先进先出，取货方便，适用于仓库屋架下弦较高，如 10 m 左右。因采用高架叉车，采购价为 58 万元，地面需要加装侧向导轨。叉车通道宽为 1760 mm，总存货量为 2088 个货位。货架总造价为 41. 76 万元，仓库总造价为 129. 6 万元，工程总投资为 229. 36 万元，系统平均造价为 1098 元/货位。

2. 驶入式货架系统

货物先进后出，且单独取货困难；但存货密度高，用于面积小、高度适中的仓库。该系统适用于货品单一、成批量进出货的仓库。系统采用平衡重式电动叉车，采购价为 22. 5 万元，叉车直角堆垛通道宽度为 3200mm，总存货量为 1812 个货位，货架总造价为 43. 5 万元。仓库建筑总造价为 123. 12 万元，工程总投资为 189. 12 万元，系统平均造价为 1044 元/货位。

3. 选取式货架系统

货物可先进先出，取货方便。该系统对货物无特殊要求，适用于各种类型货物，但属于传统型仓库系统，货仓容量较小。系统采用电动前移式叉车，采购价为 26 万元，叉车直角堆垛通道宽度为 2800mm，总存货量为 1244 个货位，货架总造价为 16. 2 万元，仓库建筑总造价为 123. 12 万元，工程总投资为 165. 32 万元，系统平均造价为 1329 元/货位。

4. 双深式货架系统

货物可先进后出，取货难度适中。该系统货仓容量较大，可与通廊式货架媲美；且对货物和货仓无特殊要求，适应面广。系统采用站驾式堆高车和伸缩叉，采购价为 25 万元，叉车直角堆垛通道宽度为 2800 mm，总存货量为 1716 个货位，货架总造价为 24 万元，仓库建筑总造价为 123.12 万元，工程总投资为 172.12 万元，系统平均造价为 1003 元/货位。

试对上述 4 种货架系统进行比较分析。

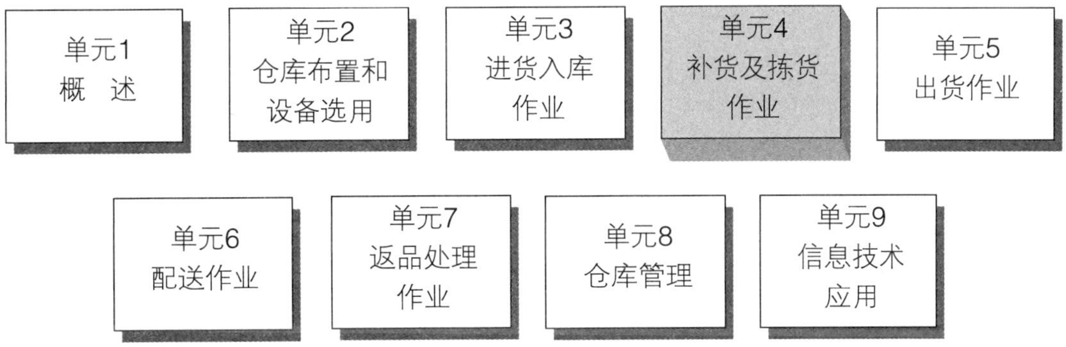

单元 4　补货及拣货作业

本单元学习目标

通过本单元学习，你应该能够：

1. 掌握接单作业流程和订单审核确认技巧
2. 掌握补货作业的流程和管理技巧
3. 区分四种拣货方式并掌握它们的作业流程和特点
4. 掌握电子标签系统的操作方法
5. 掌握拣选作业的管理技巧和评价指标

一、判断题（本类题型所包含的每道小题都只有正确或错误的一种答案，你认为正确的请在答题卡对应的题号上涂 A，错误的涂 B。）

1. 接单作业是客户向配送中心提出配送需求，配送中心接受需求并承诺提供配送服务的过程。（　　）

2. 在接单作业过程中，信息的传递并不重要。（　　）

3. 在接单作业过程中，信息的传递非常重要，涉及分拣计划、流通加工和配送服务安排以及配送费用的核算。（　　）

4. 在接单作业过程中，信息的传递非常重要，不涉及分拣计划只涉及流通加工和配送服务安排以及配送费用的核算。（　　）

5. 在接单作业过程中，信息的传递非常重要，不涉及流通加工只涉及分拣计划和配送服务安排以及配送费用的核算。（　　）

6. 在接单作业过程中，信息的传递非常重要，不涉及配送服务安排只涉及分拣计划、流通加工以及配送费用的核算。（　　）

7. 在接单作业过程中，信息的传递非常重要，不涉及配送费用的核算只涉及分拣计划、流通加工和配送服务安排。（　　）

8. 接单作业在仓储作业中具有重要的地位。（　　）

9. 在仓储作业中，拣货作业的主流程从接单作业开始，没有接单就没有拣货作业及后续其他作业流程。（　　）

10. 在仓储作业中，拣货作业的主流程从订单作业开始，没有订单就没有拣货作业及后续其他作业流程。（　　）

11. 在仓储作业中，配货作业的主流程从接单作业开始，没有接单就没有配货作业及后续其他作业流程。（　　）

12. 在仓储作业中，配货作业的主流程从订单作业开始，没有订单就没有配货作业及后续其他作业流程。（　　）

13. 接单作业后生成的拣货计划是拣货人员的作业依据，所以，接单作业的质量影响着后续作业能否顺利进行。(　　)

14. 订单作业后生成的拣货计划是拣货人员的作业依据，所以，接单作业的质量影响着后续作业能否顺利进行。(　　)

15. 订单作业后生成的配货计划是配货人员的作业依据，所以，订单作业的质量影响着后续作业能否顺利进行。(　　)

16. 订单作业后生成的拣货计划是拣货人员的作业依据，所以，订单作业的质量影响着后续作业能否顺利进行。(　　)

17. 接单作业后生成的拣货计划是拣货人员的作业依据，但是，接单作业的质量并不影响着后续作业能否顺利进行。(　　)

18. 接单作业也是对现有库存水平的确认，对库存货品质量的检查，从一定程度上起到了盘点的作用。(　　)

19. 接单作业也是对现有库存水平的确认，对库存货品质量的检查，但是无法起到盘点的作用。(　　)

20. 订单作业也是对现有库存水平的确认，对库存货品质量的检查，但是无法起到盘点的作用。(　　)

21. 对接单作业进行有效管理可以提高配送效率。(　　)

22. 即使对接单作业进行有效管理仍然无法提高配送效率。(　　)

23. 收到订单后，信息中心人员要根据货品名称、数量和配送日期等客户的信用记录、订单价格以及加工包装四个指标来对订单内容进行确认，避免存在遗漏或错误，以确保后续配送作业的准确性和有效性。(　　)

24. 收到订单后，信息中心人员要根据货品数量、客户的信用记录、订单价格以及加工包装四个指标来对订单内容进行确认，避免存在遗漏或错误，以确保后续配送作业的准确性和有效性。(　　)

25. 收到订单后，信息中心人员要根据配送日期、客户的信用记录、订单价格以及加工包装四个指标来对订单内容进行确认，避免存在遗漏或错误，以确保后续配送作业的准确性和有效性。(　　)

26. 收到订单后，信息中心人员要根据货品数量和配送日期、订单价格以及加工包装三个指标来对订单内容进行确认，避免存在遗漏或错误，以确保后续配送作业的准确性和有

效性。(　　)

27. 收到订单后，信息中心人员要根据货品数量和配送日期、客户的信用记录、订单价格三个指标来对订单内容进行确认，避免存在遗漏或错误，以确保后续配送作业的准确性和有效性。(　　)

28. 收到订单后，信息中心人员要根据货品数量和配送日期、客户的信用记录、订单形态以及加工包装四个指标来对订单内容进行确认，避免存在遗漏或错误，以确保后续配送作业的准确性和有效性。(　　)

29. 收到订单后，信息中心人员要根据货品数量和配送日期、客户的信用记录、订单形态、订单价格四个指标来对订单内容进行确认，避免存在遗漏或错误，以确保后续配送作业的准确性和有效性。(　　)

30. 在订单编号管理时信息中心的工作人员审核和接收订单，由仓库管理信息系统自动生成订单的唯一编号，保证订单编号的唯一性，便于订单的查询。(　　)

31. 在订单编号管理时信息中心的工作人员无须审核只需接收订单，由仓库管理信息系统自动生成订单的唯一编号，保证订单和编号"一一对应"，便于订单的查询。(　　)

32. 订单处理数量指标有两个：日均受理订单数和每订单平均订货数量。(　　)

33. 订单处理的质量指标有两个：订单延迟交货率和订单货品量满足率。(　　)

34. 订单处理数量指标有两个：日均受理订单数和订单延迟率。(　　)

35. 订单处理数量指标有两个：每订单平均订货数量和订单延迟率。(　　)

36. 订单处理数量指标有两个：日均受理订单数和订单满足率。(　　)

37. 订单处理数量指标有两个：每订单平均订货数量和订单满足率。(　　)

38. 订单处理质量指标有两个：日均受理订单数和订单延迟率。(　　)

39. 订单处理质量指标有两个：每订单平均订货数量和订单延迟率。(　　)

40. 订单处理质量指标有两个：日均受理订单数和订单满足率。(　　)

41. 订单处理质量指标有两个：每订单平均订货数量和订单满足率。(　　)

42. 接到客户的订单后，信息员要首先查看拣货位各种货品的数量，以确定拣货位货品数量是否充足。(　　)

43. 接到客户的订单后，信息员无须查看拣货位各种货品的数量，可以直接要求补货。(　　)

44. 若拣货位货品数量不足，则系统生成补货标签，交由补货员进行补货作业。(　　)

45. 补货作业是补货员根据补货标签对拣货区货品进行数量补充的过程。(　　)

46. 补货前对货品的外包装、名称、数量和条码等信息进行核对是后续操作顺利进行的保证。(　　)

47. 补货作业的好坏直接决定了后续作业效率的高低，严重的还会导致订单执行的中断。(　　)

48. 做好补货作业有利于提高物流作业的整体作业效率。(　　)

49. 根据货品出货方式不同，补货作业可以分为整箱补货和拆零补货。(　　)

50. 整箱补货是从存储区将货品整箱搬到拣货区，由拣货员根据订单进行拣货。(　　)

51. 拆零补货是从保管区将货品搬到拣货区，拆开包装并对相应货品补货。(　　)

52. 补货作业信息技术主要是指补货标签或补货单的生成和使用。(　　)

53. 拣选作业是仓储作业的核心环节。(　　)

54. 订单作业是仓储作业的核心环节。(　　)

55. 拣选作业是配送作业的核心环节。(　　)

56. 拣选作业按照其实施的手段不同可以分为人工拣选、机械拣选和自动拣选三大类。(　　)

57. 拣选作业按照其订单方式不同可以分为人工拣选、机械拣选和自动拣选三大类。(　　)

58. 拣选作业的功能是准确、快速地将顾客所订购的货品集合起来，为配送做准备。(　　)

59. 拣选作业中用到的设备主要包括拣选设备、输送设备、包装设备等。(　　)

60. 人工摘取式拣选是针对每一张订单，由拣货员完全用人工方式根据订单上的货品信息到相应的存储位置将货品逐一挑出并集中的过程。(　　)

61. 人工播种式拣货是针对每一张订单，由拣货员完全用人工方式根据订单上的货品信息到相应的存储位置将货品逐一挑出并集中的过程。(　　)

62. 人工播种式拣货是把一定时间段里的多张订单集合成一批，依照货品种类将货品数量汇总，全部由人工按货品进行拣选，然后再根据每张客户订单进行分货处理的过程，这也是一种较传统的拣选方式。(　　)

63. 人工摘取式拣选是把一定时间段里的多张订单集合成一批，依照货品种类将货品数量汇总，全部由人工按货品进行拣选，然后再根据每张客户订单进行分货处理的过程，这也是一种较传统的拣选方式。(　　)

64. 在日常管理过程中，常用拣货效率和拣货准确度两项指标来衡量拣选的绩效。(　　)

65. 在日常管理过程中，常用拣货效率指标来衡量拣选的绩效。(　　)

66. 在日常管理过程中，常用拣货准确度指标来衡量拣选的绩效。(　　)

二、单选题（本类题型所包括的每道小题只有一个正确答案，请在给出的选项中选出正确答案。）

1. 客户向配送中心提出配送需求，配送中心接受需求并承诺提供配送服务的过程的作业是（　　）。

A. 补货作业　　B. 拣货作业　　C. 接单作业　　D. 拣选作业

2. 下列描述中不属于接单作业作用的有（　　）。

A. 为拣货人员提供拣货依据　　B. 是进行其他作业的基础

C. 间接起到存货检查的作用　　D. 保持货品的品质

3. 在仓储作业中，拣货作业的主流程开始是（　　）。

A. 补货　　B. 拣货　　C. 接单　　D. 拣选

4. 在接单作业中收到订单后，信息中心人员要对订单内容进行确认，避免存在遗漏或错误，以确保后续配送作业的准确性和有效性。下列选项中不属于核对指标之一的是（　　）。

A. 确认货品数量和配送日期　　B. 确认存货情况

C. 确认客户的信用记录　　D. 确认订单价格

5. 在接单作业中，审核货品信息时不需要核对（　　）。

A. 货品品名　　B. 数量　　C. 送货日期　　D. 货物保质期

6. 需要在输入资料前已把货物交给客户，而此类订单不再参与配送作业环节，只需记录交易资料即可的订单是（　　）。

A. 一般的交易订单　　B. 间接交易订单

C. 现销式交易订单　　D. 合约式交易订单

7. 接到寄库式订单后，正确的处理方式是（　　）。

A. 系统应检查客户是否确实有此项寄库的货品，若有则出货，否则应加以拒绝

B. 应在约定的送货期间，将配送资料输入系统处理以便出货配送

C. 将客户的出货资料传给供应商，并由其代为配送

D. 在输入资料时便把货物交给客户，此后订单不再参与配送作业环节

8. 应在约定的送货期间，将配送资料输入系统处理以便出货配送的订单是（　　）。

A. 一般的交易订单　　B. 间接交易订单

C. 现销式交易订单　　D. 合约式交易订单

9. 系统应检查客户是否确实有此项寄库的货品，以便决定是否出货的订单是（　　）。

A. 寄库式交易订单　　B. 合约式交易订单

C. 间接交易订单　　D. 现销式交易订单

10. 可将客户的出货资料传给供应商，并由其代为配送的订单是（　　）。

A. 一般的交易订单　　B. 间接交易订单

C. 现销式交易订单　　D. 合约式交易订单

11. 以下关于接单作业中确认订单价格的说法错误的是（　　）。

A. 出货价格可能因客户或订购量的不同而不同

B. 若输入的价格错误，系统应加以锁定，以便主管审核

C. 若业务员降价强行接单，系统应先出货然后上报

D. 输入价格时系统应对订单的订货量加以检核

12. 下列指标中属于订单处理数量评价指标（　　）。

A. 日均受理订单数　　B. 每订单平均订货率

C. 订单延迟率　　D. 订单满足率

13. 补货作业是将货物搬到下列哪个区域（　　）。

A. 仓库　　B. 拣货区　　C. 配送作业区　　D. 托盘

14. 以下关于补货作业的描述错误的是（　　）。

A. 补货作业是根据补货标签对仓库货品进行数量补充的过程

B. 补货前要核对货品的外包装、名称、数量和条码等信息

C. 补货作业的好坏直接决定了后续作业效率的高低

D. 补货作业可以分为整箱补货和拆零补货

15. 补货作业包括整箱补货和拆零补货的分类依据是（　　）。

A. 包装方式　　B. 仓储方式　　C. 出货方式　　D. 配送方式

16. 整箱补货是将整箱货品（　　）。

A. 由加工区搬至拣货区　　B. 由包装区搬至拣货区

C. 由周转区搬至拣货区　　D. 由存储区搬至拣货区

17. 拆零补货是将货品（　　）。

A. 由加工区搬至拣货区　　B. 由包装区搬至拣货区

C. 由周转区搬至拣货区　　D. 由存储区搬至拣货区

18. 补货作业信息技术主要涉及拣货位标签和（　　）。

A. 补货标签　　B. 仓储标签　　C. 配送标签　　D. 包装标签

19. 下列不属于拣货位标签包含信息的是（　　）。

A. 代码　　B. 条码　　C. 拣货位号　　D. 保质期

20. 下列不属于补货作业流程中主要步骤的是（　　）。

A. 照单取货　　B. 货品搬运　　C. 入库保存　　D. 补货上架

21. 从周转区向拣货位补货时，不属于应根据补货标签上的提示进行仔细核对信息的是（　　）。

A. 货品名称　　B. 条码　　C. 货位　　D. 数量

22. 下列选项中关于补货上架注意事项的描述不正确的是（　　）。

A. 从周转区向拣货位补货时，应仔细核对货品名称、条码、货位，确认无误后再进行上架作业

B. 补货上架时要保证一种货品对应一个拣货位

C. 只要有可能，货品要尽量全部补到仓储区

D. 补货时应把货品整齐补放在拣货位上

23. 下列选项中不属于补货作业评价指标的是（　　）。

A. 补货数量误差　　B. 货品不合格率

C. 补货时间延迟率　　D. 订单满足率

24. 以下选项中不属于拣选作业主要环节的有（　　）。

A. 生成拣货信息　　B. 行走搬运　　C. 接单作业　　D. 拣取货物

25. 拣选作业按照其实施的手段不同可以分为人工拣选、自动拣选和（　　）。

A. 批量拣选　　B. 半自动拣选　　C. 按单拣选　　D. 机械拣选

26. 下列关于补货作业管理的描述中错误的是（　　）。

A. 在配货过程中，补货员应时时检查拣货位上货品的出货情况，主动补货

B. 在拣货过程中，如发现货品不多时应及时检查，以便把货品及时补充到位

C. 补货结束后，要清扫所管区域内的卫生，保证作业区域干净整洁

D. 补货员的补货作业标准是低成本、高效率

27. 以下关于人工拣选、机械拣选和自动拣选的描述不正确的是（　　）。

A. 人工拣选方式劳动强度大，分拣效率低

B. 目前，国内仓储企业主要采用的是人工拣选方式

C. 机械拣选方式投资少，可以减轻劳动强度，提高分拣效率

D. 自动拣选都是按照指令依靠自动分拣系统来完成

28. （　　）的功能是准确、快速地将顾客所订购的货品集合起来，为配送做准备。

A. 补货作业　　B. 搬运作业　　C. 接单作业　　D. 拣选作业

29. 目前国内仓储企业主要采用的是（　　）。

A. 人工拣选　　B. 机械拣选　　C. 自动拣选　　D. 半自动拣选

30. 电子拣货系统作业流程中电子标签的后四位表示的是（　　）。

A. 货架上的库位编号　　B. 入库数量　　C. 库存数量　　D. 出库数量

31. 下列选项中不是电子标签拣货系统的性能和特点的是（　　）。

A. 提高拣货速度及效率　　B. 降低拣货错误率

C. 提高出货配送物流效率　　D. 人员需要专门培训

32. 下列关于滚筒/辊筒式输送机的说法不正确的是（　　）。

A. 滚筒输送机主要由辊子、机架、支架、驱动等部分组成

B. 按辊子驱动形式可分为无动力滚筒输送机、动力滚筒输送机

C. 不能输送单件重量很大的货品

D. 适用于各类箱、包、托盘等件货的输送

33. 物流箱/周转箱是一种便捷的储物容器，它的材质一般是塑料或金属，下列选项不是它的优点的是（　　）。

A. 成本低　　B. 坚固　　C. 方便清洁　　D. 载重量大

34. 人工摘取式拣选作业中，拣货员依据下列哪个单据进行拣选（　　）。

A. 配送单　　B. 拣货单　　C. 订货单　　D. 仓单

35. 把一定时间段里的多张订单集合成一批，依照货品种类将货品数量汇总，然后再根据每张客户订单进行分货处理的过程的分拣是（　　）。

A. 摘取式拣货　　B. 播种式拣货

C. 自动式拣货　　D. 计算机辅助拣货

36. 计算机辅助拣货系统的英文简称是（　　）。

A. CAPS　　B. CAS　　C. DPS　　D. DAS

37. 不属于仓库主要作业的是货品的（　　）。

A. 入库作业　　B. 在库管理　　C. 包装作业　　D. 出库作业

38. 不属于发货出库步骤的是（　　）。

A. 核对出库凭证　　B. 配货出库　　C. 堆码　　D. 记账清点

39. 除了考虑选择进货方式、安全第一、成本效益统一的原则外，进货管理还应考虑（　　）。

A. 及时送达　　B. 总成本最低

C. 数量准确　　D. 供应商的稳定性

40. 摘取式拣货系统的英文简称是（　　）。

A. CAPS　　B. CAS　　C. DPS　　D. DAS

三、多选题（本题型所包含的每道小题都有不止一个正确答案，请选出你认为正确的答案，错选和多选者本小题不得分，少选但选项正确的可得到相应的分数。）

1. 在接单作业中收到订单后，信息中心人员要对订单内容进行确认，避免存在遗漏或错误，以确保后续配送作业的准确性和有效性。下列选项中属于其核对指标的是（　　）。

A. 确认货品数量和配送日期　　B. 确认存货情况

C. 确认客户的信用记录　　D. 确认订单价格

E. 确认货物的保质期

2. 在接单作业中，审核货品信息时需要核对的货品信息包括(　　)。

A. 货品品名　　B. 货品数量　　C. 送货日期

D. 货物保质期　　E. 货品库存信息

3. 订单的形态主要包括（　　）。

A. 一般交易订单　　B. 现销式交易订单　　C. 间接交易订单

D. 合约式交易订单　　E. 寄库式交易订单

4. 下列关于接单作业管理中所包含内容的描述正确的是（　　）。

A. 若输入的价格错误，系统应加以锁定，以便主管审核

B. 若业务员降价强行接单，系统应先出货然后上报

C. 对于客户订购的货品，是否有特殊包装要进行确认并详细记录

D. 由仓库管理信息系统自动生成的订单编号并不是唯一的

E. 确认客户的信用记录时应检查客户的应付账款是否已超过其信用额度

5. 补货前核需要对货品的信息进行核对，以保证后续操作顺利的进行，这些信息包括（　　）。

A. 外包装　　B. 货品名称　　C. 货品数量

D. 条码　　E. 货物库存量

6. 以下关于补货作业的描述正确的是（　　）。

A. 补货作业是根据补货标签对仓库货品进行数量补充的过程

B. 补货前核对货品的外包装、名称、数量和条码等信息

C. 补货作业的好坏直接决定了后续作业效率的高低

D. 补货作业可以分为整箱补货和拆零补货

E. 拆零补货是从保管区将货品搬到拣货区，拆开包装并对相应货品补货

7. 以下选项中属于补货标签包含的信息的是（　　）。

A. 补货取货位　　B. 目标货位　　C. 货品代码

D. 货品名称　　E. 补货数量

8. 补货作业流程的主要步骤包括（　　）。

A. 照单取货　　B. 货品搬运　　C. 货物搬运

D. 入库保存　　E. 确认货物数量

9. 下列选项中关于取货注意事项的描述正确的是（　　）。

A. 取货时要仔细核对取货位、货品代码、名称等信息

B. 若发现包装损坏、内装货品与名称不符、数量不一致时，应及时交给信息员处理

C. 补货员要维护好周转区货品

D. 补货员补货时要按规定动作开箱，避免损坏货品

E. 补货员取货时要轻拿轻放，取货后要对货位上的货品进行整理

10. 从周转区向拣货位补货时，应根据补货标签上的提示，仔细核对信息，确认无误后再进行上架作业，这些信息包括（　　）。

A. 货品名称　　B. 条码　　C. 货位

D. 数量　　　　　　　　　　E. 保质期

11. 下列选项中关于补货上架注意事项描述正确的是（　　）。

A. 从周转区向拣货位补货时，应仔细核对货品名称、条码、货位，确认无误后再进行上架作业

B. 补货上架时保证一种货品对应一个拣货位

C. 只要有可能，货品要尽量全部补到拣货位上

D. 补货时应把货品整齐补放在拣货位上

E. 若发现包装损坏、内装货品与名称不符时，应及时交给信息员处理

12. 下列选项中属于补货作业评价指标的是（　　）。

A. 补货数量误差　　　　B. 货品不合格率　　　　C. 补货时间延迟率

D. 订单满足率　　　　　E. 订单延迟率

13. 以下关于拣选作业描述正确的是（　　）。

A. 人工拣选方式劳动强度大，分拣效率低

B. 目前，国内仓储企业主要采用的是人工拣选方式

C. 机械拣选方式投资少，可以减轻劳动强度，提高分拣效率

D. 自动拣选是按照指令依靠自动分拣系统来完成

E. 拣选作业按照其实施的手段不同可以分为人工拣选、半自动拣选和自动拣选

14. 拣选作业中用到的设备主要包括（　　）。

A. 拣选设备　　　　B. 输送设备　　　　C. 容器

D. 运输设备　　　　E. 包装设备

15. 下列选项中涉及电子标签拣货系统性能和特点的是（　　）。

A. 提高拣货速度及效率　　B. 降低拣货错误率

C. 提高出货配送物流效率　　D. 人员需要专门培训

E. 能够降低作业成本

16. 人工摘取式拣选的特点是（　　）。

A. 以订单为单位，每张订单只拣货一次　　B. 操作方法简单

C. 延迟时间短　　　　D. 拣货员的责任明确，易于评估

E. 拣货后不用再进行分类作业

17. 下列关于人工拣货作业方式描述正确的是（　　）。

A. 人工拣货分为人工摘取式拣货和人工播种式拣货两种

B. 人工摘取式拣选是以订单为单位的

C. 人工播种式拣选适用于单品项且货品数量很大的订单

D. 人工播种式拣货是以货品为单位进行分拣

E. 人工播种式拣货在订单数量庞大时，可以显著提高工作效率

18. 人工摘取式拣选作业的主要步骤包括（　　）。

A. 领取拣货单　　B. 凭单拣货　　C. 拣货标记

D. 送货到复核区　　E. 交单

19. 下列关于滚筒/辊筒式输送机的说法正确的是（　　）。

A. 滚筒输送机主要由辊子、机架、支架、驱动等部分组成

B. 按辊子驱动形式可分为无动力滚筒输送机、动力滚筒输送机

C. 不能输送单件重量很大的货品

D. 无法承受较大的冲击载荷

E. 适用于各类箱、包、托盘等件货的输送

20. DAS 播种式拣货作业主要步骤有（　　）。

A. 汇总订单拣货总量　　B. 播种数据导入　　C. DAS 播种

D. 搬运至待出货区　　E. 播种数据导出

21. 下列指标中属于拣货作业评价指标的是（　　）。

A. 单位时间拣货品种数　　B. 单位时间拣货效率　　C. 拣货差异率

D. 订单准确率　　E. 订单延迟率

22. 仓储保管员的权利包括（　　）。

A. 拒收权　　B. 要求提货权　　C. 提存权

D. 检查权　　E. 使用权

23. 下列关于摘取式拣货操作描述正确的是（　　）。

A. 核对物流箱标签时应注意，物流箱上必须只有一组标签

B. 必须严格按照“先拣货，后按‘完成’按钮”的原则进行拣货

C. 拣货过程中，如果发现货品不足，应先完成拣货再通知信息员

D. 放置货品时，必须严格遵守“下重上轻”原则

E. 拣货员拣货时需注意拣货货位及拣货数量

24. 以下属于发货步骤的是（　　）。

A. 核对出库凭证　　B. 配货出库　　C. 堆码

D. 记账清点　　E. 托运

25. 人工摘取式拣选作业的主要步骤包括（　　）。

A. 领取拣货单　　B. 凭单拣货　　C. 拣货标记

D. 送货到复核区　　E. 交单

26. 能实现“先进先出”的货架有（　　）。

A. 通过型货架　　B. 重力货架　　C. 驶入式货架

D. 多进窗框货架　　E. 垂直货架

27. 以下是自动化立体仓库必不可少的设备（　　）。

A. 起升机械　　B. 高层货架　　C. 移动货架

D. 巷道堆垛机　　E. 叉车

28. 下列选项涉及出库及发货管理流程的是（　　）。

A. 出库　　B. 核对出库凭证　　C. 理货

D. 拣选　　E. 包装

29. 以下是库内货物流转主要作业阶段（　　）。

A. 收货　　B. 验货　　C. 批量存储

D. 拆分，拣货和流通加工　　E. 出库搬运

30. 下列有关于播种式拣货操作技巧的说法正确的是（　　）。

A. 定时方式是固定时间进行订单统计，将该时间段内收到的订单按货品种类汇总后操作

B. 定量方式是按照先进先出（FIFO）的基本原则，当累积订单数量达到预先设定好的订单数量时，开始进行汇总拣选作业

C. 智能系统方式是根据收到的订单，由计算机系统自动进行分批操作处理

D. 利用电脑及识别系统进行分类，速度快，准确率高

E. 时间窗口是指在某些特殊情况下，开启短暂时间窗口

四、情景问答题（请简要回答下面的问题。）

1. L公司是一家大型的第三方物流企业，主要经营仓储业务，其在电子标签拣选系统应

用方面走在了行业的前列，现在有一家合作伙伴企业的领导来公司考察，假设你是仓库的主管，请你向他们简要阐述一下电子标签拣选系统的工作原理是怎样的。

2. 在一次企业物流经理的座谈会上，来自不同企业的物流经理们互相交流自己的工作经验和体会。其中某生产企业的物流经理说他们厂里实行的摘取式 DPS（Digital Picking System）拣货方法非常好，准确、快捷，减少了拣货员的劳动强度。而另外有些人则认为 DAS 方法更好，请问你的看法是什么，给出自己的理由。

3. 小季是刚刚毕业的大学生，通过应聘进入了你所在的物流公司工作，成为了一名拣货员，今天是他上班的第一天，对拣货作业的工作还不太熟悉，作为一个老员工请你为他简单介绍一下人工拣货方式的分类和流程。

4. 金兰物流公司是一家专业化的第三方物流企业，经营多种配送、抵押贷款、废弃物物流等多种物流业务，并拥有一个 20000 多平方米的仓储中心，为多家企业仓储服务。李经理是仓储中心的分管经理，最近随着公司业务量的增加，他一直在为如何更加高效的对订单进行处理而烦恼，请你为他具体介绍一下接单作业评价的常用指标都有哪些。

五、论述题

1. 试简述补货作业的流程以及关键点。

2. 试论述人工摘取式拣货、人工播种式拣货、DPS、DAS 四种拣货方法的概念、流程和他们之间的区别以及各自的适用场合。

3. 简述拣选作业的评价指标。

六、案例题

莱尔富便利商店是由光泉集团所投资，其本身并无外资背景，完全是一家纯本土化经营的连锁便利商店系统。光泉集团于 1990 年 4 月成立了“莱尔富国际股份有限公司”，同年 9 月九家“莱尔富便利商店”同时开幕。经过一番耕耘及市场历练，1995 年 7 月已达 100 家门市，同年 9 月位于台北县五股乡的物流中心也正式启用，其后在物流上相继成立了高雄仁武物流中心以及文化物流中心。

莱尔富对于物流中心的所有商品的储存与出货作业上，皆采用了信息化方式加以处理，其中在物流三部的饮料整箱出货区，更导入了结合 RF 设备的储位与库存管理系统，将商品从进货验收开始，即纳入整个系统的实时管控中。

当供货商货车于码头进行卸货之时，物流中心负责验收人员，即会以RF手机将暂堆放于码头的各栈板待验收商品，进行相关的进货验收程序，而仓储管理会根据从MIS所接收之预计进货数据，并透过RF手机的双向传输，将相关的商品验收条件与信息，实时传给作业人员，以便完成各项验收稽核动作。

理货作业采用电子标签辅助拣货系统。电子标签辅助拣货系统于国、内外物流中心在拣货作业上的使用相当普遍，特别是对于多样少量的拣货形态。而采用电子标签拣货系统作为拣货辅助工具的目的，是借助其低错误率、高拣货效率、易于使用等特性，来提升整体作业品质，更进一步降低作业成本，增加利润收入。基于此项优点，莱尔富在1995年五股物流中心成立之时即已导入电子标签辅助拣货系统，但由于当时之硬件供货商结束营业，系统顿失维护之故，才于1998年由上尚科技接手，重新将全厂再导入电子标签辅助拣货系统，迄至今日整个北区的物流中心共计导入约2800个电子标签，而南区仁武物流中心亦导入约1500个电子标签。

1. 整箱出货区：采用一人一单摘取式的拣货作业，此种拣货方式是指一张订单从头到尾皆是由同一位拣货员负责，拣货员于某一区段拣货完成时，需按着电子标签的作业指示，继续前往下一区段拣货，待该订单经标签指示已拣货完成时，拣货员方可进行下一张订单的拣货。

拣货员于进行每家店之拣货前，皆需读入员工编号，拣货系统即会于作业进行中自动收集该员之拣货相关数据，并借由另一套“作业分析与持续改善系统”（简称OASIS）的后续分析，取得相关人员的作业绩效数据，作为物流中心对人员管理上之参考依据。特别是目前拣货作业外包在各物流中心甚为盛行，对于人员作业效能的确切掌握，已是物流中心之重要课题。

2. 零散理货区：凡干货、日用品、烟酒等零散拆箱货品，皆是采用接力摘取式的拣货作业。此种拣货方式是让一张订单分别由不同的拣货员接力拣货完成的，每个拣货员只负责所辖区域的拣取作业。待负责区域内应拣灯号全数完成后，即将该订单的作业移交给下一区域负责人员继续拣货，而本身则立即进行另一张订单的拣货，此即接力式拣货作业方式。

3. 4℃冷藏品理货区：其采用所谓的信道式播种作业。由于物流中心对4℃冷藏品采取零库存的作业策略，因此其整体作业流程即似Cross－docking的作业模式，如此当采用播种式的批次拣货策略较为合适。整个冷藏作业区共分为九个通道，每个通道间是独立作业，彼此互不影响，而一个通道所函盖的客户即自成为一个批次。

4. 文化物流理货区：其作业流程同于上述零散理货区的作业模式，不同之处在于，由于书报杂志的商品特性较具时效性，因此采取 Cross－docking 的作业模式，但由于品项数不多，因此仍采用摘取式作业方式。商品到货之后，经验收上架，待所有商品上架完成方始进行拣货作业。

5. 仁武零散理货区：也是采用一般的接力摘取式的拣货作业模式，然其特殊之处是所采用的电子标签硬件不同，是目前全国其他物流中心极少采用的“简单型”电子标签，整个零散理货区共计导入约 900 多个简单型电子标签。

（1）通过本案例你可以从中得到哪些启示，请谈谈自己对于计算机辅助拣货系统的理解。

（2）请说说计算机辅助拣货系统的分类并试着画图表示每种分类的作业过程。

单元1 概 述

单元2 仓库布置和设备选用

单元3 进货入库作业

单元4 补货及拣货作业

单元5 出货作业

单元6 配送作业

单元7 返品处理作业

单元8 仓库管理

单元9 信息技术应用

单元5 出货作业

本单元学习目标

通过本单元学习，你应该能够：

1. 掌握人工复核和系统复核的特点、作业流程和操作技巧
2. 掌握合流作业的功能、作业流程和主要步骤
3. 熟悉点货作业和上车作业流程和主要步骤
4. 掌握车辆积载原则
5. 掌握装车顺序的方法

一、判断题（本类题型所包含的每道小题都只有正确或错误的一种答案，你认为正确的请在答题卡对应的题号上涂 A，错误的涂 B。）

1. 当一票货完成拣货作业之后，紧接着需要进行出货作业。(　　)

2. 复核作业可以分为整货复核与散货复核。(　　)

3. 对于零散出货的货品，复核员要清点出货件数是否正确，检查货品外包装是否完好，标签粘贴是否正确。(　　)

4. 对于整件出货的货品，复核员应先按客户或门店清点物流箱数是否正确，然后随机抽取一定数量的物流箱，清点物流箱内货品种类、名称、数量、包装等信息是否正确。(　　)

5. 复核作业是在出货装车前对即将出货的货品数量、质量、客户名称等信息进行再一次核对，是配送过程顺利完成的最后防线。(　　)

6. 复核作业是在出货装车前对即将出货的货品数量、质量客户名称等信息（质量信息除外）进行再一次核对，是配送过程顺利完成的最后防线。(　　)

7. 复核作业完成质量的高低极大地影响着货品能否正确、通畅地流通。(　　)

8. 人工复核是指复核全过程由人工进行，该过程用到的作业设备是常用的数量和重量检测工具，如磅秤、卷尺等。(　　)

9. 复核作业是货品准确高效流通的有力保证，强化复核作业对于提高物流服务水平，降低物流成本，提高客户满意度都有着重要意义。(　　)

10. 计算机复核是人工借助信息终端设备，将系统内信息与实际拣选信息进行比对的过程，该作业过程用到的设备主要是无线射频手持终端。(　　)

11. 人工复核作业主要用到的设备是无线射频手持终端。(　　)

12. 系统复核作业主要用到的设备是计算机、磅秤和卷尺等。(　　)

13. 人工复核和系统复核的流程基本相同。(　　)

14. 人工复核一般是针对零散出货，不需要详细清点最小货品包装的货品。(　　)

15. 人工复核作业流程中关键步骤有：领取单据、检查单据、检查差异、清点货品与签

名确认等。(　　)

16. 系统复核一般用于整件出货的情况。(　　)

17. 人工复核作业流程中关键步骤有：领取拣货单、审核拣货单、清点货品、检查差异和签名确认等。(　　)

18. 人工复核作业流程中关键步骤有：领取复核单、核对拣货单、清点货品与签名确认等。(　　)

19. 系统复核中清点货品的过程主要是复核员清点物流箱数量，并用 RF 终端设备逐个扫描物流箱上的条码，根据系统中显示的货品名称、规格、数量等信息，核对物流箱中货品信息。(　　)

20. 人工复核中清点货品的过程主要是复核员清点物流箱数量，并用 RF 终端设备逐个扫描物流箱上的条码，根据系统中显示的货品名称、规格、数量等信息，核对物流箱中货品信息。(　　)

21. 人工复核中清点货品的过程主要是复核员按照拣货单据逐项清点货品数量，检查货品外包装和条码的完好性；若发现货品数量不一致或质量有问题，交由拣货员、信息员处理差异。(　　)

22. 人工复核过程中若发现货物数量少，经信息员确认后，拣货员补充缺少数量；若存在质量问题，则更换货品或更换外包装，保证货品数量和质量没有问题。(　　)

23. 无论是人工复核还是系统复核过程中，拣货员都需要提供拣货单并在上面签字。(　　)

24. 在人工复核中，复核员领到复核单据后需要检查核对，确认所有客户或门店都汇总在一张总的复核单据中。(　　)

25. 人工复核通常针对整件出货，确保待出货品数量准确，质量完好，复核员选择合适的检测工具对待出货品进行重量或尺寸检测，并处理复核中出现的差异。(　　)

26. 系统复核中应该注意，当复核员发现数量或质量存在差异时，应该通知信息员和拣货员处理差异，打差异单，否则不允许出货。(　　)

27. 系统复核中的主要管理技能是 RF 操作方法。(　　)

28. 在系统复核中，复核员使用 RF 终端设备复核整件出货品，能极大地提高作业的速度和准确性。(　　)

29. 系统复核若发现差异，先确定差异类型为质量差异还是数量差异，然后由相应拣货员处理差异，并交信息员打差异单。(　　)

30. 复核准确率计算公式如下：复核准确率 = 复核出的商品差异数 ÷ 总商品数 × 100 %。(　　)

31. 在人工复核中，应该仔细核对物流箱数量后，需随机抽取部分物流箱，核对其内部货品信息与信息系统是否一致。(　　)

32. 复核员根据复核单据和拣货标签复核完货品，确认拣选货品正确无误后，在货品上贴上客户或门店标签，并依据客户或门店将所有货品进行汇总，然后将汇总货品搬运至该客户或门店出货暂存区，以便于出货员点货装车，这个过程称为合流作业。(　　)

33. 合流作业的一般流程为：贴标签—搬运至指定出货暂存区—进入点货上车作业—合流。(　　)

34. 合流作业是一项较为复杂的作业。(　　)

35. 在合流作业过程中，复核员完成复核后须在货品上粘贴标签，以便于出货员清点核对及配送员交货。(　　)

36. 在合流作业过程中，为了便于出货员辨别货品归属客户还是门店，需要在出货暂存区按客户或门店分区，并标注客户名或门店名，标注必须清晰、工整。(　　)

37. 在合流作业过程中，复核员须按照客户或门店，将待出的全部货品进行汇总，以确认客户或门店总数准确无误，避免遗漏或搬错。(　　)

38. 点货上车作业是根据出库凭证和司机提供的装车单进行点货并指导装车等一系列作业活动。(　　)

39. 点货作业的质量高低很大程度上决定着货品的运输质量，良好的装车作业能极大地降低货品运输中的破损率，提高物流服务质量和客户满意度。(　　)

40. 点货作业是货品配送上车前按照客户或门店订单进行清点、核对数量的过程，是确保配送到各门店货品名称、数量等正确的重要保证。(　　)

41. 在点货作业过程中，如果出现单证信息不一致，就应拒绝点货装车，由信息员处理差异后方可继续操作。(　　)

42. 点货上车作业涉及的设备主要有两类：一类为数量或重量检测设备；另一类为搬运设备。(　　)

43. 搬运设备用于将核对无误的货品搬运至出货月台装车，常用的搬运设备为叉车。(　　)

44. 数量或重量检测设备是用于检查核对货品数量或重量的准确性，常用的是磅秤、台秤、卷尺等。(　　)

45. 点货作业强调对出库货品名称、数量的确认，其关键流程如下：领取出货凭证—核对装车单与出货凭证—签名确认—清点货品。（　　）

46. 上车作业是指出货员按客户或门店清点好货品后，将货品搬运至指定的出货月台，并根据装车单上排好的配送顺序，装货上车，并在不同客户或门店的货品之间做区别标示。（　　）

47. 点货上车作业在很大程度上决定着货品破损率和客户满意度的高低，加强对点货上车作业的管理，使用一些新的技术和操作技巧，规范作业流程，强化监督管理能有效地提高作业水平，促进物流服务水平的提高。（　　）

48. 配装是对多用户、多品种、小批量货品的配送装车作业，目的是提高车辆的满载率、装车安全性和配送效率。配装时要注意相互影响的货品不能混装，货品装车后重心要低、放置紧密、充分利用车辆的载重能力和体积。（　　）

49. 装载卷状、筒状货品，须横放或倒放，不能垂直摆放。（　　）

50. 货品配装时散发粉尘的货品可以与清洁货品混装。（　　）

51. 装车积载时，在“后送先装”的基本前提下，货品配装还需要注意一些原则，如为了减少或避免差错，在装车时尽量把外观相近、容易混淆的货品分开。（　　）

52. 理论上，客户或门店的配送顺序确定后，只要将货物依照“后送后装”的原则装车即可。（　　）

53. 货物损坏率 = 损坏货物数量 ÷ 点货上车总数量 × 100%。（　　）

54. 点货上车差错率 = 点货上车差错数 ÷ 点货上车总数量 × 100%。（　　）

55. 点货上车作业过程的评价指标主要是对点货上车作业的时效性、准确性的评价，常用的评价指标有点货上车时间、点货上车差错率、货物损坏率与复核准确率等。（　　）

56. 配送的所有货品装车后，出货员须在出货凭证和装车单上签名确认。（　　）

57. 货品装载上车后须在各个客户或门店之间做明显的标示，以便区分，避免配送员送错货品。（　　）

58. 客户或门店的配送线路安排须根据客户的具体位置、沿途的交通情况等作出优先选择和判断。除此之外，须考虑客户或门店所在地环境对送货时间、车型等的特殊要求。如有的客户或门店不在中午或晚上收货；有些道路在某些高峰期实行特别的交通管制等。（　　）

59. 配送线路确定后，各个客户或门店的配送顺序也随之而定，如需调整，用手工进行局部调整。（　　）

60. 为了保证货品的质量，在堆叠时需要考虑货品的性质，比如有的货品怕震、禁压、禁撞或者易受潮。（　　）

二、单选题（本类题型所包括的每道小题只有一个正确答案，请在给出的选项中选出正确答案。）

1. 当一票货完成拣货作业之后，紧接着需要进行的作业是（　　）。

A. 出货作业　　B. 进货入库作业　　C. 配送作业　　D. 返品处理作业

2. 复核员应先按客户或门店清点物流箱数是否正确，然后随机抽取一定数量的物流箱，清点物流箱内货品种类、名称、数量、包装等信息是否正确的货品是（　　）。

A. 整件出货　　B. 零散出货　　C. 单件出货　　D. 分散出货

3. 复核员要清点出货件数是否正确，检查货品外包装是否完好，标签粘贴是否正确的货品是（　　）。

A. 单件出货　　B. 零散出货　　C. 分散出货　　D. 整件出货

4. 配送过程顺利完成的最后工作是（　　）。

A. 进货作业　　B. 装车作业　　C. 复核作业　　D. 入库作业

5. 人工复核一般是针对（　　）。

A. 单件出货　　B. 零散出货　　C. 分散出货　　D. 整件出货

6. 系统复核一般是针对（　　）。

A. 单件出货　　B. 零散出货　　C. 分散出货　　D. 整件出货

7. 复核员根据复核单据和拣货标签复核完货品，确认拣选货品正确无误后，在货品上贴上客户或门店标签，并依据客户或门店将所有货品进行汇总，然后将汇总货品搬运至该客户或门店出货暂存区，以便于出货员点货装车，这个过程称为（　　）。

A. 进货作业　　B. 装车作业　　C. 复核作业　　D. 合流作业

8. 点货上车作业是根据出库凭证和司机提供的装车单进行点货、并指导装车等一系列作业活动。包括点货作业和（　　）。

A. 上车作业　　B. 装车作业　　C. 卸车作业　　D. 合流作业

9. 货品配送上车前按照客户或门店订单进行清点、核对数量的过程，下列选项中哪个是确保配送到各门店货品名称、数量等正确的重要保证（　　）。

A. 上车作业　　B. 点货作业　　C. 卸车作业　　D. 合流作业

10. 作业质量高低很大程度上决定着货品的运输质量，良好的装车作业能极大地降低货品运输中的破损率，提高物流服务质量和客户满意度的是（　　）。

A. 卸车作业　B. 点货作业　C. 上车作业　D. 合流作业

11. 下列选项中属于点货上车作业中涉及重量检测设备的是（　　）。

A. 卷尺　B. 电子秤　C. 磅秤　D. 叉车

12. 下列选项中属于点货上车作业中涉及数量检测设备的是（　　）。

A. 卷尺　B. 电子秤　C. 磅秤　D. 叉车

13. 下列选项中属于点货上车作业中涉及搬运设备的是（　　）。

A. 卷尺　B. 电子秤　C. 磅秤　D. 叉车

14. 点货作业关键流程为（　　）。

A. 领取出货凭证—核对装车单与出货凭证—清点货品—签名确认

B. 领取出货凭证—清点货品—核对装车单与出货凭证—签名确认

C. 领取出货凭证—核对装车单—清点货品—签名确认

D. 签名确认—领取出货凭证—核对装车单与出货凭证—清点货品

15. 上车作业关键流程为（　　）。

A. 确定配送顺序—装货上车—搬运货品到月台—在不同客户货品上做区别标示

B. 在不同客户货品上做区别标示—确定配送顺序—装货上车—搬运货品到月台

C. 确定配送顺序—搬运货品到月台—装货上车—在不同客户货品上做区别标示

D. 确定配送顺序—在不同客户货品上做区别标示—搬运货品到月台—装货上车

16. 客户或门店的配送顺序确定后，一般将货物装车的原则是（　　）。

A. 后送后装　B. 后送先装　C. 先送先装　D. 先送后装

17. 下列关于货品配装需要注意的原则描述错误的是（　　）。

A. 散发异味的货品不能与食品混装

B. 装载卷状、筒状货品，须垂直摆放，不能横放或倒放

C. 散发粉尘的货品可以与清洁货品混装

D. 渗水货品不可以与风干货品混装

18. 下列作业中直接影响着出货作业的是（　　）。

A. 人工复核作业　B. 合流作业　C. 点货上车作业　D. 系统复核作业

19. 下列不属于点货上车作业过程的评价指标的是（　　）。

A. 点货上车时间　　B. 点货上车差错率　　C. 货物损坏率　　D. 复核率

20. 下列对合流作业的说法错误的是（　　）。

A. 合流作业是一项较为复杂的作业

B. 确认拣选货品正确无误后，在货品上贴上客户或门店标签

C. 依据客户或门店将所有货品进行汇总

D. 将汇总货品搬运至该客户或门店出货暂存区

21. 点货上车作业涉及的设备主要有（　　）。

A. 数量检测设备　　B. 运输设备　　C. 体积检测设备　　D. 质量检测设备

22. 点货上车作业中重量检测设备是（　　）。

A. 磅秤　　B. 电子秤　　C. 卷尺　　D. 叉车

23. 下列各项中属于复核作业的有（　　）。

A. 人工复核　　B. 整货复核　　C. 散货复核　　D. 自动化复核

24. 下列属于人工复核过程用到的作业设备的有（　　）。

A. 电子称　　B. 卷尺

C. 无线射频手持终端　　D. RF 终端设备

25. 属于系统复核过程用到的作业设备有（　　）。

A. 磅秤　　B. 卷尺

C. 无线射频手持终端　　D. 托盘

26. 下列对于点货作业叙述错误的是（　　）。

A. 货品配送上车前按照客户或门店订单仓储进行清点的过程

B. 货品配送上车前按照客户或门店订单仓储核对数量的过程

C. 确保配送到各门店货品名称正确的重要保证

D. 为了便于出货员辨别货品归属客户还是门店

27. 下列选项中不属于点货作业关键步骤的是（　　）。

A. 领取出货凭证　　B. 核对装车单与出货凭证

C. 清点货品　　D. 信息员处理处理差异

28. 对合流作业叙述错误的是（　　）。

A. 相对来说，合流作业是一项较为复杂的作业

B. 复核员完成复核后须在货品上粘贴标签，以便于出货员清点核对及配送员交货

C. 为了便于出货员辨别货品归属客户或门店，需要在出货暂存区按客户或门店分区，并标注客户名或门店名，标注必须清晰、工整

D. 复核员须按照客户或门店，将待出的全部货品进行汇总，以确认客户或门店总数准确无误，避免遗漏或搬错

29. 下列不属于点货作业流程关键步骤的有（　　）。

A. 领取出货凭证　　B. 核对装车单　　C. 清点货品　　D. 确定配送顺序

30. 货品配装还需要注意的原则有（　　）。

A. 在装车时尽量把外观相近、容易混淆的货品装在一起

B. 渗水货品不可以与易受潮货品混装

C. 散发粉尘的货品能与清洁货品混装

D. 散发异味的货品可以与食品混装

31. 下列选项中哪些不属于系统复核中应该注意的事项（　　）。

A. 从拣选作业开始整个过程都需要保证物流箱条码完好无损

B. 在仔细核对物流箱数量后，需随机抽取部分物流箱，核对其内部货品信息与信息系统是否一致

C. 复核员领到复核单据后需要检查核对，确认每个客户或门店分别对应一张复核单据

D. 复核作业完毕，需要保证复核品货摆放整齐有序，标签条码和各种标示向外，便于查看

32. 下列选项中属于人工复核中应该注意事项的是（　　）。

A. 根据复核单据上提供的信息，检测货品的重量，核对数量、名称，检查外包装和条码标签的完好性

B. 在仔细核对物流箱数量后，需随机抽取部分物流箱，核对其内部货品信息与信息系统是否一致

C. 复核作业完毕，需要保证复核货品摆放整齐有序，标签条码和各种标示向外，便于查看

D. 系统复核若发现差异，先确定差异类型为质量差异还是数量差异，然后由相应拣货员处理差异，并交信息员打差异单

33. 下列选项中关于点货上车作业在仓储作业中的地位说法不正确的是（　　）。

A. 良好的装车作业能极大地降低货品运输中的破损率，提高物流服务质量和客户满意度

B. 点货作业是确保配送到各门店货品名称、数量等正确的重要保证

C. 上车作业的质量高低很大程度上决定着货品的运输质量

D. 点货上车作业涉及的设备主要是运输设备

34. 下列选项中不属于上车作业流程关键步骤的是（　　）。

A. 确认客户的配送顺序　　B. 通关

C. 装货上车　　D. 搬运货品到月台

35. 不属于点货作业中清点货品内容的是（　　）。

A. 出货员根据出货凭证，核对司机提供的装车单无误后才能装车。要保证出库货品的名称、规格和编号与装车单一致

B. 出库凭证上涉及较多的货品，出库员无须逐一点数

C. 清点完货品后要在其上粘贴标签，这有助于配送员确认送货门店

D. 清点完货品后要在其上粘贴标签，这有利于之后对货品归属的辨别

36. 不属于装车单与出货凭证要核对的货品信息是（　　）。

A. 名称　　B. 数量　　C. 目的地　　D. 价格

37. 不属于复核作业中的 RF 操作方法应注意事项的是（　　）。

A. 系统复核作业主要针对零散出货品，作业中使用到 RF 终端设备，因此从拣选作业开始整个过程都需要保证物流箱条码完好无损

B. 在仔细核对物流箱数量后，需随机抽取部分物流箱，核对其内部货品信息与信息系统是否一致

C. 系统复核若发现差异，先确定差异类型为质量差异还是数量差异，然后由相应拣货员处理差异，并交信息员打差异单

D. 复核作业完毕，需要保证复核品摆放整齐有序，标签条码和各种标示向内，便于搬运

38. 不属于人工复核作业流程中关键步骤的是（　　）。

A. 领取单据　　B. 检查单据　　C. 检查差异　　D. 清点货品

39. 系统复核作业流程为（　　）。

A. 领取复核单—审核复核单—RF 清点货品和检查差异—签名确认

B. 领取复核单—审核复核单—检查差异—清点货品—签名确认

C. 领取复核单—审核复核单—签名确认—清点货品—检查差异

D. 领取复核单—审核复核单—检查差异—清点货品—签名确认

40. 人工复核作业流程为（　　）。

A. 领取单据—检查单据—检查差异—清点货品

B. 领取单据—检查单据—清点货品—检查差异

C. 领取单据—检查单据—清点货品—签名确认

D. 领取单据—检查单据—签名确认—清点货品

三、多选题（本题型所包含的每道小题都有不止一个正确答案，请选出你认为正确的答案，错选和多选者本小题不得分，少选但选项正确的可得到相应的分数。）

1. 复核作业可以分为（　　）。

A. 人工复核　　B. 整货复核　　C. 系统复核

D. 自动化复核　　E. 散货复核

2. 对于零散出货的货品，复核员应先按客户或门店清点物流箱数是否正确，然后随机抽取一定数量的物流箱，清点物流箱内货品的下列信息（　　）。

A. 种类　　B. 名称　　C. 数量

D. 包装　　E. 质量

3. 人工复核作业流程中关键步骤有（　　）。

A. 领取单据　　B. 检查单据　　C. 检查差异

D. 清点货品　　E. 签名确认

4. 系统复核作业流程中关键步骤有（　　）。

A. 领取拣货单　　B. 审核拣货单　　C. 清点货品

D. 检查差异　　E. 签名确认

5. 人工复核的管理技能有（　　）。

A. 复核员领到复核单据后需要检查核对，确认每个客户或门店分别对应一张复核单据

B. 根据复核单据上提供的信息，检测货品的重量，核对数量、名称，检查外包装和条码标签的完好性

C. 复核员发现数量或质量存在差异时，通知信息员和拣货员处理差异，打差异单，否则

不允许出货

D. 复核员如果发现数量存在差异时，无须通知信息员和拣货员处理差异，打差异单，否则不允许出货

E. 复核员如果发现质量存在差异时，无须通知信息员和拣货员处理差异，打差异单，否则不允许出货

6. 复核作业中的 RF，具体操作步骤如下（　　）。

A. 通过 RF 终端进入“复核”模块

B. 扫描物流箱标签条码，系统自动列出物流箱内货品信息

C. 核对物流箱内货品信息与信息系统内货品信息是否一致。若不一致，检查差异类型是质量差异还是数量差异，进入差异处理程序

D. 对每个客户或门店的一批物流箱，随机抽取几个，扫描其标签条码，核对箱中货品信息与信息系统中货品信息是否一致

E. 复核完货品信息后，确认保存，退出系统，完成一次复核作业

7. 复核作业中的 RF 操作中应注意的事项（　　）。

A. 系统复核作业主要针对零散出货品，作业中使用到 RF 终端设备，因此从拣选作业开始整个过程都需要保证物流箱条码完好无损

B. 在仔细核对物流箱数量后，需随机抽取部分物流箱，核对其内部货品信息与信息系统是否一致

C. 系统复核若发现差异，先确定差异类型为质量差异还是数量差异，然后由相应拣货员处理差异，并交信息员打差异单

D. 复核作业完毕，需要保证复核品摆放整齐有序，标签条码和各种标示向内，便于搬运

E. 复核作业完毕，需要保证复核品摆放整齐有序，标签条码和各种标示向外，便于查看

8. 合流作业是（　　）。

A. 复核员根据复核单据和拣货标签复核完货品

B. 确认拣选货品正确无误后，在货品上贴上客户或门店标签

C. 依据客户或门店将所有货品进行汇总

D. 将汇总货品搬运至该客户或门店出货暂存区

E. 出货员点货装车

9. 属于合流作业流程的是（ ）。

A. 贴标签　　B. 搬运至指定出货暂存区　　C. 出货

D. 合流　　E. 进入点货上车作业

10. 合流作业的注意事项是（ ）。

A. 为了便于出货员辨别货品归属客户或门店，需要在出货暂存区按客户或门店分区

B. 为了便于出货员辨别货品归属客户或门店，需要标注客户名或门店名，标注必须清晰、工整

C. 复核员完成复核后无须在货品上粘贴标签

D. 复核员须按照客户或门店，将待出的全部货品进行汇总，以确认客户或门店总数准确无误，避免遗漏或搬错

E. 复核员完成复核后须在货品上粘贴标签，以便于出货员清点核对及配送员交货

11. 下列与点货作业内容有关的是（ ）。

A. 货品配送上车前按照客户或门店订单进行清点

B. 货品配送上车前按照客户或门店订单核对数量

C. 确保配送到各门店的货品名称正确

D. 为了便于出货员辨别货品归属客户还是门店

E. 确保配送到各门店的货品数量正确

12. 出货员领取出货凭证后须与司机提供的装车单仔细核对，核对项目是（ ）。

A. 货品名称　　B. 货品规格　　C. 货品数量

D. 货品价格　　E. 其他信息

13. 点货上车作业涉及的设备主要有（ ）。

A. 数量检测设备　　B. 重量检测设备　　C. 搬运设备

D. 质量检测设备　　E. 运输设备

14. 点货上车作业中，常用的数量或重量检测设备是（ ）。

A. 磅秤　　B. 台秤　　C. 卷尺

D. 叉车　　E. 电子秤

15. 点货作业关键步骤是（ ）。

A. 领取出货凭证　　B. 核对装车单与出货凭证　　C. 清点货品

D. 签名确认　　E. 信息员处理货品差异

16. 上车作业流程关键步骤是（　　）。

A. 确认客户的配送顺序　　B. 搬运货品到月台　　C. 装货上车

D. 在不同客户货品上做区别标示　　E. 通关

17. 点货作业的清点货品包括（　　）。

A. 出货员根据出货凭证，核对司机提供的装车单，无误后才能装车。要保证出库货品的名称、规格和编号与装车单一致

B. 出库凭证上涉及较多的货品，出库员需要认真点数，不能遗漏或重复点数

C. 清点完货品后需要在上面粘贴标签，有助于配送员确认送货门店

D. 清点完货品后需要在其上面粘贴标签，有利于之后对货品归属的辨别

E. 出货员要在出货凭证上注明货品在出货暂存区的存放位置，以便装车时轻松找到货品

18. 点货上车作业注意事项有（　　）。

A. 配装是对多用户、多品种、小批量货品的配送装车作业，目的是提高车辆的满载率、装车安全性和配送效率。配装时要注意相互影响的货品不能混装，货品装车后重心要低、放置紧密、充分利用车辆的载重能力和体积

B. 客户或门店的配送线路安排须根据客户的具体位置、沿途的交通情况等作出优先选择和判断。除此之外，还须考虑客户或门店所在地环境对送货时间、车型等的特殊要求。如有的客户或门店不在中午或晚上收货；有些道路在某些高峰期实行特别的交通管制等

C. 配送线路确定后，各个客户或门店的配送顺序也随之而定，如需调整，用手工进行局部调整

D. 货品装载上车后须在各个客户或门店的货品之间做明显的标示，以便区分，避免配送员送错货品

E. 配送的所有货品装车后，出货员须在出货凭证和装车单上签名确认

19. 下列属于人工复核过程用到的作业设备的有（　　）。

A. 磅秤　　B. 卷尺　　C. 无线射频手持终端

D. RF 终端设备　　E. 托盘

20. 对合流作业叙述正确的有（　　）。

A. 相对来说，合流作业是一项较为复杂的作业

B. 复核员完成复核后须在货品上粘贴标签，以便于出货员清点核对及配送员交货

C. 为了便于出货员辨别货品归属客户或门店，需要在出货暂存区按客户或门店分区，并

标注客户名或门店名，标注必须清晰、工整

D. 复核员须按照客户或门店，将待出的全部货品进行汇总，以确认客户或门店总数准确无误，避免遗漏或搬错

E. 合流作业流程：贴标签—搬运至指定出货暂存区—合流—进入点货上车作业

21. 下列属于点货作业流程关键步骤的有（　　）。

A. 领取出货凭证　　B. 核对装车单　　C. 清点货品

D. 签名确认　　E. 核对出货凭证

22. 下列属于上车作业流程关键步骤的有（　　）。

A. 确认客户的配送顺序　　B. 搬运货品到月台　　C. 装货上车

D. 在不同客户货品上做区别标示　　E. 领取出货凭证

23. 装车积载时，在“后送先装”的基本前提下，货品配装还需要注意的原则有（　　）。

A. 为了减少或避免差错，在装车时尽量把外观相近、容易混淆的货品分开

B. 重不压轻，大不压小，轻货应放在重货上面，包装承重能力差的应放在包装承重能力强的上面

C. 渗水货品不能与易受潮货品混装

D. 散发粉尘的货品不能与清洁货品混装

E. 散发异味的货品不能与食品混装

24. 点货上车作业过程的评价指标主要是对点货上车作业的时效性、准确性的评价，常用的评价指标有（　　）。

A. 点货上车时间　　B. 腐损率　　C. 点货上车差错率

D. 货物损坏率　　E. 复核准确率

25. 下列关于配送的说法正确的有（　　）。

A. 客户或门店的配送线路安排须根据客户的具体位置、沿途的交通情况等作出优先选择和判断

B. 配送线路确定后，各个客户或门店的配送顺序也随之而定，如需调整，用手工进行局部调整

C. 货品装载上车后须在各个客户或门店的货品之间做明显的标示，以便区分，避免配送员送错货品

D. 配送的所有货品装车后，出货员须在出货凭证和装车单上签名确认

E. 配装时要注意相互影响的货品不能混装，货品装车后重心要低、放置紧密、充分利用车辆的载重能力和体积

26. 复核员使用 RF 终端设备复核零散出货品，能极大地提高作业的速度和准确性。其具体操作步骤有（　　）。

A. 通过 RF 终端进入“复核”模块

B. 扫描物流箱标签条码，系统自动列出物流箱内货品信息

C. 核对物流箱内货品信息与信息系统内货品信息是否一致。若不一致，检查差异类型是质量差异或是数量差异，进入差异处理程序

D. 从一个客户或门店的一批物流箱中随机抽取几个物流箱，扫描其标签条码，核对箱中货品信息与信息系统中货品信息是否一致

E. 复核完货品信息后，确认保存，退出系统，完成一次复核作业

27. 下列选项中属于系统复核中应注意事项的有（　　）。

A. 从拣选作业开始整个过程都需要保证物流箱条码完好无损

B. 在仔细核对物流箱数量后，需随机抽取部分物流箱，核对其内部货品信息与信息系统是否一致

C. 复核员领到复核单据后需要检查核对，确认每个客户或门店分别对应一张复核单据

D. 复核作业完毕，要保证复核品摆放整齐有序，标签条码和各种标示向外，便于查看

E. 系统复核若发现差异，先确定差异类型为质量差异还是数量差异，然后由相应拣货员处理差异，并交信息员打差异单

28. 下列选项中属于人工复核中应注意事项的有（　　）。

A. 根据复核单据上提供的信息，检测货品的重量，核对数量、名称，检查外包装和条码标签的完好性

B. 在仔细核对物流箱数量后，需随机抽取部分物流箱，核对其内部货品信息与信息系统是否一致

C. 复核员领到复核单据后需要检查核对，确认每个客户或门店分别对应一张复核单据

D. 复核作业完毕，要保证复核品摆放整齐有序，标签条码和各种标示向外，便于查看

E. 系统复核若发现差异，先确定差异类型为质量差异还是数量差异，然后由相应拣货员处理差异，并交信息员打差异单

29. 下列选项中关于点货上车作业在仓储作业中的地位说法正确的有（　　）。

A. 良好的装车作业能极大地降低货品运输中的破损率，提高物流服务质量和客户满意度

B. 点货作业是确保配送到各门店的货品名称、数量等正确的重要保证

C. 上车作业的质量高低很大程度上决定着货品的运输质量

D. 点货上车作业涉及的设备主要有两类：一类为数量或重量检测设备；另一类为搬运设备

E. 点货作业强调对出库货品名称、数量的确认

30. 装车单与出货凭证往往会有货品的如下信息（　　）。

A. 名称　　B. 数量　　C. 规格

D. 价格　　E. 目的地

四、情景问答题（请简要回答下面的问题。）

1. B 公司新招聘了一名复核员，主要负责对货物的系统复核工作。现在公司任命你作为新来复核员的师傅，帮助他熟悉相关的流程。那么请问系统复核的关键步骤有哪些？

2. 高某是 A 公司新来的复核员，现在有一票货物需要进行合流作业。假如你是他的师傅，请问你会如何指导高某顺利完成该票货物的作业流程？

3. 李某是 A 公司新来的点货员，现在有一票货物需要进行点货作业。假如你是李某的师傅，请问你会如何指导李某顺利完成该票货物的点货作业？

4. 徐某是 A 公司新来的出货员，现在有一票货物需要进行上车作业。假如你是徐某的师傅，请问你会如何指导徐某顺利完成该票货物的上车作业？

5. 张某是哈尔滨某公司的装货员，2010 年 6 月公司需要通过公路运输向浙江运输三种货物：①大连产水产品；②哈尔滨红肠；③俄罗斯进口香烟。由于货物量都不多，张某希望可以将这 3 类货物配装于一车，这样可以节约成本，提高效益。请问张某的做法正确吗？为什么？

6. H 公司新招聘了一名复核员，主要负责货物的系统复核工作。现在公司任命你作为新来复核员的师傅，帮助他熟悉复核作业中的 RF 操作方法。那么请问 RF 的具体操作步骤有哪些？

五、论述题

1. 人工复核作业与系统复核作业在关键流程方面有哪些不同？

2. 简述车辆积载的原则。

3. 简述合流作业的业务流程及其管理技巧。

六、案例题

深圳赛格储运有限物流公司仓库管理下属的福保赛格实业有限物流公司仓库管理（以下简称福保赛格）。福保赛格在深圳市福田保税区拥有28000平方米的保税仓。物流公司仓库管理的问题主要是保税仓的固定资产超过8000万元，而每年的利润却不到500万元，资产回报率太低。提高保税仓库区工作人员士气，努力增强服务意识，注重品质提升；增大物流增值服务的比例，大幅提高仓租费以外的收入来源，争取到更多利润贡献率高的优质客户，淘汰利润率低的C类客户等都是势在必行的问题。

1. 物流公司仓库管理现状分析

福保赛格的主要客户包括日本理光国际通运有限物流公司仓库管理、华立船务有限物流公司仓库管理、伯灵顿国际物流有限物流公司仓库管理、华润物流等近百家外资、港资物流企业和分布于珠三角地区的制造企业。福保赛格面向这些企业，提供保税仓的长租和短租服务，并附带从事流通加工等物流增值服务。

福保赛格的在职员工约40名。包括5名管理人员，10名左右的叉车工人和搬运工人，另外还有报关员、报检员、客户服务人员、仓库管理员、勤杂人员（含门卫和设备检修人员）等20多人。

福保赛格的赢利模式是以仓库库位出租为核心的物流服务项目的收费。基本收费项目是仓租费。另外还有装车、卸车、并柜/拼箱，对货品进行贴标、缩膜/打板、换包装、简单加工（如分包、重新组合包装、简单装配等)，以及代客户进行报关、报检等服务项目的收费。主要支出是人工、水电、仓储物和设备折旧带来的维修维护费用等。

福田保税区的特点在于有通向香港落马洲的进出境通道（一号通道）和通向深圳市区的进出关通道（二号通道)。货物进出境只需向海关备案，而进出关则需要报关。客户可以利用保税区境内关外的政策优势，实现整批进境，分批入关的延迟纳税优惠或提前退税的好处。

2. 问题总结与整理

福保赛格的仓库主要是平面仓，有部分库区采用立体货架。以托盘为基本搬运单元，用叉车（以及地牛）进行进出库搬运和库内搬运。一楼是越仓区，有五辆燃气动力的叉车。二楼到十楼为储存区，每层都有一到两台电动叉车（用蓄电池驱动）。有两个大型货运电梯上下。车辆停靠的月台有十多个车位，可以停靠货柜车、厢式车等多种型号的运输车辆。

福保赛格目前仍然是以订单为驱动，以业务为中心进行运作的仓储服务企业。还没有转型到以客户服务为中心。在该物流公司仓库管理管理层的推动下，物流公司仓库管理上下全体员工已经树立了全面质量管理的理念，并以 ISO 9000 质量管理体系的要求建立了规范化的质量文档体系。但该物流公司仓库管理尚未正式申请或通过 ISO 9000 质量体系认证。

请针对上述公司的情况，提出适当的解决策略。

单元1 概述

单元2 仓库布置和设备选用

单元3 进货入库作业

单元4 补货及拣货作业

单元5 出货作业

单元6 配送作业

单元7 返品处理作业

单元8 仓库管理

单元9 信息技术应用

单元6 配送作业

本单元学习目标

通过本单元学习，你应该能够：

1. 掌握调度作业流程、配送车辆调度原则和配送车辆模式选择
2. 掌握正确快速地与客户交接货品的流程和方法
3. 掌握接收客户的收退货流程和方法
4. 掌握审核回单的流程和作业要点

一、判断题（本类题型所包含的每道小题都只有正确或错误的一种答案，你认为正确的请在答题卡对应的题号上涂 A，错误的涂 B。）

1. 收退作业是配送过程的“中枢神经”，起到统领全过程的作用。(　　)

2. 在一般的调度配送作业过程中，先做配货车辆安排，然后再安排配送区域。(　　)

3. 数量统计：按照确定的配送区域汇总各个配送区域货品总量。(　　)

4. 安排配送区域按：照一定的原则（业务量或行政区）安排配送区域。(　　)

5. 装车时调度员需检查车辆计划装载量是否超出车辆的额定载重及额定装货体积。如果出现超载时，在一定范围内可以发货。(　　)

6. 在选择配送车辆时必须要选择具有合适的车型和合适的车辆来源的车辆。(　　)

7. 配送车辆的调度原则包括合适原则和最小成本原则。(　　)

8. 分送式配送是指由一个供应点对一个客户的专门送货。(　　)

9. 在直送情况下，货品配送路线优化就是选择最短的配送线路，以节约时间、降低成本、提高效率等，可以归为最短路径问题。(　　)

10. 同一线路上所有客户需求量之和不大于一辆车的额定装载重量和装载体积，且所有客户的货品性质、形状等均不需要单独派车配送时，可采用直送式配送方式。(　　)

11. 对于分送式配送，采用节约里程法确定最佳配送路线。(　　)

12. 在直送情况下，货品配送路线优化就是采用节约里程法来选择配送线路。(　　)

13. 在配送中应用线性规划解决运输问题的数学模型，用表上作业法或图上作业法求解最佳的运输方案。(　　)

14. 平均每车次配送成本：配送总距离 × 配送总量 ÷ 配送总车次。(　　)

15. 签收作业是配送车辆将货品送达客户或门店后根据订单核对货品、清点数量、检查包装和质量，若发现差异，协同配送员打差异单。(　　)

16. 在签收作业中差异处理存在于门店清点作业流程中。(　　)

17. 下货堆叠整箱货与零散货之间要留出主通道约 50 公分。(　　)

18. 下货堆叠时整箱与零散货品要统一堆放。(　　)

19. 下货堆叠要注意货品包装的承载重量，做到“重不压轻”、“大不压小”。(　　)

20. 经双方确认无误后，配送员和门店收货员在送货单上签名确认，客户或门店加盖收货专用章。(　　)

21. 如果是收货有差异，经配送员确认后将差异货品信息录入电脑，打收货差异单，并将差异货品带回。(　　)

22. 收退作业是指经过一系列清点、核对、检查等程序，零售商将客户或门店拒收货品和相关单据带回配送中心的过程。(　　)

23. 收退作业的质量不会影响着客户服务满意度，只影响物流企业本身物流成本和效益的高低。(　　)

24. 收退作业包括在店验收和入库交接两个子过程。(　　)

25. 配送车辆返回配送中心后，配送员按相同客户逐次将退回的货品和回收的物流箱搬运下车。(　　)

26. 物流箱放置在指定的区域，并将退回的货品整理后送到返品处理区，可以减少混乱，方便统一处理。(　　)

27. 门店销售退货的原因很多，所有的货物都可退。(　　)

28. 在门店销售中包装残旧、破损、变形等情况不可退。(　　)

29. 在门店销售中所有过期货品不可退。(　　)

30. 在门店销售中超过收退日期的货品可以退，但日期不能超过太长时间。(　　)

31. 整件出货货品，退货时整件或散件包装完好都可退。(　　)

32. 出货配有赠品的货品，退货时必须配有赠品，否则不可退。(　　)

33. 生产日期模糊的货品可以退货。(　　)

34. 整件出货货品，同一箱内有生产日期不一致或多种货品混装可退。(　　)

35. 在门店销售中非本公司配送的货品不可退。(　　)

36. 具有质量问题的货品分问题严重的程度酌情予以退换。(　　)

37. 配送员在交接退货差异时必须与退货部收货员当面点清。(　　)

38. 配送员可将差异单据撕毁或带走。(　　)

39. 退货部收货员发现实物与单据不符时可自行进行处理。(　　)

40. 配送员不可与退货作业人员争执，如有疑问可向退货组上级管理人员反应情况。(　　)

41. 退货单未处理的注意事项是信息部漏做单或退货组做单时未发现此货。(　　)

42. 成本、品质、速度、弹性属于配送需求结构的功能性需求层次。(　　)

43. 配送需求计划在逻辑上是 ERP 的扩展。(　　)

44. 配送实际是一个物品集散过程，这一过程包括集中、分类和散发三个步骤。(　　)

45. 配送消除了交叉输送，完善了运输系统。(　　)

46. 配送中心是指作为从事配送业务物流场所或组织，为有需求的用户服务。(　　)

47. 配送中心是从事货物配备（集货、加工、分货、拣选、配货）并组织对用户的送货，以高水平实现销售和供应服务的现代流通设施。它能很好地解决用户多样化需求和厂商大批量专业化生产的矛盾，因此，逐渐成为现代化物流的标志。(　　)

48. 通过配送增值物流服务，可以寻找能够降低物流成本的物流解决方案。(　　)

49. 准时制的基本思想是“在需要的时候，按需要的量，提供所需要的产品”。(　　)

50. 消费者所关心的配送时间是配送中心内部操作的时间。(　　)

51. 可从配送规模和配送服务质量中综合反映出配送的总体需求。(　　)

52. 所有的配送中心都具有集货、储存、分拣、配货等功能。(　　)

53. 货物运输是配送过程中实现空间转换的中心环节。(　　)

54. 配送规模是配送活动中订单处理、库存、运输、装卸、搬运、流通加工等配送作业量的总和。(　　)

55. 配送服务质量可以用配送时间、配送费用、配送效率来衡量。(　　)

56. 配送需求结构包括三个层次，即功能性需求、配送规划与管制、策略性需求。其中策略性需求必呈管理层次。(　　)

57. DRP 是由制订和控制的生产计划所确定的，是企业可以控制的。(　　)

58. 配送中心也可以看做是保管型仓库。(　　)

59. 配送中心的功能应该强调原材料的配套储存、分拣、及时配送、加工和预处理等方面。(　　)

60. 制造商需要的配送中心有两种，一种是为制造活动提供支持的配送中心，另一类是为制造商的产品分销提供支持的配送中心。(　　)

二、单选题（本类题型所包括的每道小题只有一个正确答案，请在给出的选项中选出正确答案。）

1. 以下被称作配送过程的“中枢神经”，起到统领全过程的作用的作业是（　　）。

A. 签收作业　B. 收退作业　C. 调度作业　D. 核单作业

2. 调度员统计当天要货客户或门店的名称与数量，并根据发货单信息统计每位客户或门店所需配送的货品数量，此项操作属于调度作业的步骤（　　）。

A. 数量统计　B. 安排配送区域　C. 发货量汇总　D. 配送车辆安排

3. 以下不属于配送车辆调度原则的有（　　）。

A. 合适原则　B. 邻近区域调度原则　C. 最小成本原则　D. 就近原则

4. 调整配送货品体积、重量不得超过配送车辆可承载的最大容积、重量，属于（　　）。

A. 合适原则　B. 邻近区域调度原则　C. 车辆最大容积率原则　D. 最小成本原则

5. 由一个供应点对多个客户共同送货称作（　　）。

A. 直送式配送　B. 分送式配送　C. 间送式配送　D. 统送式配送

6. 客户需求量接近或大于可用车辆额定装载重量或装载体积，或根据货物的性质、形状需要专门派车一次或多次配送的，需采用的配送方式是（　　）。

A. 直送式配送　B. 分送式配送　C. 间送式配送　D. 统送式配送

7. 平均每车次配送吨公里数的计算方程式是（　　）。

A. 配送总成本 ÷ 配送总重量 ÷ 配送总距离

B. 配送总成本 ÷ 配送总车次

C. 配送总成本 ÷ 配送总距离

D. 配送总距离 × 配送总量 ÷ 配送总车次

8. 以下不属于门店卸货的主要步骤（　　）。

A. 车辆停靠　B. 交单　C. 清点货品　D. 搬运下车

9. 以下属于门店清点作业的主要步骤（　　）。

A. 车辆停靠　B. 货品签收　C. 交单　D. 搬运下车

10. 以下不属于签收作业中的管理技能（　　）。

A. 下货堆叠　B. 货品签收　C. 交货对点　D. 注意事项

11. 以下不属于签收作业管理技能中的注意事项（　　）。

A. 货品的安全性　B. 交接的单据是否完整

C. 如果是送货有差异，配送员不予处理

D. 如果收货无差异，配送员和门店收货员在送货单上签字确认；如果是收货有差异，经双方确认后将差异货品信息录入电脑，打收货差异单，并将差异货品带回

12. 在店验收作业主要步骤不包括（　　）。

A. 货品检查　　B. 在库对点　　C. 货品清点　　D. 货品签收

13. 配送员检查客户或门店退回的货品是否符合物流中心退货规定如保质期、外包装属于（　　）。

A. 货品检查　　B. 返品上车　　C. 货品清点　　D. 货品签收

14. 配送员对符合物流中心退货要求的货品依照退货单，检查货品名称、数量、规格是否与退货单信息一致属于（　　）。

A. 货品检查　　B. 返品上车　　C. 货品清点　　D. 货品签收

15. 经双方确认货品无误后，配送员在退货单上签名确认属于（　　）。

A. 货品检查　　B. 返品上车　　C. 货品清点　　D. 货品签收

16. 配送员将所收退回货品进行简单包装如放入物流箱中，并分别在退回货品上做简单标示，搬运上车，以方便识别不同客户退回的货品属于（　　）。

A. 货品检查　　B. 返品上车　　C. 货品清点　　D. 货品签收

17. 配送车辆返回配送中心后，配送员按不同客户逐次将退回的货品和回收的物流箱搬运下车属于（　　）。

A. 到库下货　　B. 在库对点　　C. 货品签收　　D. 返品整理

18. 退货收货员根据退货单信息检查货品和物流箱数量、规格是否正确属于（　　）。

A. 到库下货　　B. 在库对点　　C. 货品签收　　D. 返品整理

19. 确认货品无误后，退货收货员在退货单上签名并按规定保留相应单据存根属于（　　）。

A. 到库下货　　B. 在库对点　　C. 货品签收　　D. 返品整理

20. 退货整理员将退货收货员验收好的货品按照供应商、生产日期、货品的状态分类整理，称作（　　）。

A. 到库下货　　B. 在库对点　　C. 货品签收　　D. 返品整理

21. 物流箱放置在指定的区域，并将退回的货品整理后送到返品处理区，可以减少混乱，方便统一处理属于（　　）。

A. 到库下货　　B. 在库对点　　C. 送到返品处理区　　D. 返品整理

22. 以下不属于门店销售中退货的一般原因（　　）。

A. 无其他原因只是顾客不满意　　B. 货品滞销

C. 季节性换货　　D. 客户间调拨

23. 门店销售退货差异处理不包括（　　）。

A. 配送员在交接退货差异时必须与退货部收货员当面点清

B. 配送员不可将差异单据撕毁或带走

C. 退货部收货员发现实物与单据不符时必须交配送员当面处理

D. 发现实物与单据不符时退货部可自行处理

24. 以下不属于按照不同的处理方法将收退货品分类的是（　　）。

A. 退供应商货品　　B. 退零售商货品　　C. 拒退货品　　D. 良品

25. 在门店销售退回货品的分类处理中符合退回供应商的货品，退货入库员将其搬运到收退处理仓库中属于（　　）。

A. 退供应商货品　　B. 退零售商货品　　C. 拒退货品　　D. 良品

26. 首先看交接单日期。找出退货单，查看标注信息。若漏做单，找退货部主管，查看是否有货，并为门店补单。此项处理办法适用于（　　）。

A. 退货数量不一致　　B. 退货单未处理

C. 拒退货未收到　　D. 拒退货数量不一致

27. 以下不是门店销售退货注意事项的是（　　）。

A. 退货收货员所接收退货与单据不一致时，应在退货单上注明

B. 退货单据应保持清洁、完整

C. 若包装为别家门店退货，再配到该门店的，可让门店退回，交给退货组处理

D. 退货交接后须双方签字确认

28. 以下不是核单作业基本流程内容的是（　　）。

A. 接收回单　　B. 审核回单　　C. 差异处理　　D. 返单处理

29. 配送过程中实现空间转换的中心环节是（　　）。

A. 货物运输　　B. 库存　　C. 装车　　D. 卸货

30. 按订单或出库单的要求，从储存场所选出货品，并放置在指定地点的作业是（　　）。

A. 分货　　B. 拣选　　C. 流通加工　　D. 保管

31. 配送中心也可以看做是流通仓库，同保管型仓库相比，下列不是流通仓库主要特点的是（　　）。

A. 保管空间占一半，其他功能占一半　　B. 货物的状况与信息一致

C. 以保管为主体，平面摆放　　D. 多物流功能

32. 下列不属于配送中心主要功能的是（　　）。

A. 储存功能　　B. 分拣功能　　C. 配送功能　　D. 计划功能

33. 按功能划分，配送中心可分为（　　）。

A. 城市配送中心　　B. 流通加工配送中心

C. 共同型配送中心　　D. 第三方配送中心

34. 按配送区域划分，配送中心可分为（　　）。

A. 城市配送中心　　B. 流通加工配送中心

C. 家电商品配送中心　　D. 第三方配送中心

35. 按社会化程度划分，配送中心可分为（　　）。

A. 城市配送中心　　B. 保管型配送中心

C. 第三方配送中心　　D 公共配送中心

36. 按经营主体划分，配送中心可分为（　　）。

A. 城市配送中心　　B. 流通加工配送中心

C. 共同型配送中心　　D. 物流企业主导型配送中心

37. 下列属于分货式配货工艺使用范围的是（　　）。

A. 各用户需求的种类差别不大　　B. 用户需求的种类颇多

C. 每种需求数量变化较大　　D. 用户数量不大

38. 在经济合理区域范围内，根据用户要求，对物品进行拣选、加工、包装、分割、组配等作业，并按时送达指定地点的物流活动是指（　　）。

A. 配送　　B. 运输　　C. 分拣　　D. 装卸搬运

39. 下列不是配货作业主要步骤的是（　　）。

A. 分货　　B. 配货检查　　C. 装车　　D. 按订单拣货

40. 批组补货适用于（　　）。

A. 一日内作业量变化不大的情况　　B. 分批拣货时间固定的情况

C. 紧急插单较多的情况　　D. 每批次拣取量较小的情况

三、多选题（本题型所包含的每道小题都有不止一个正确答案，请选出你认为正确的答案，错选和多选者本小题不得分，少选但选项正确的可得到相应的分数。）

1. 调度作业是仓储配送作业的准备工作，其主要内容是（　　）。

A. 合理调度车辆　B. 合理调度人员　C. 合理安排车辆积载

D. 合理安排配送线路　E. 增加配送车辆数量

2. 影响调度作业好坏的因素主要包括（　　）。

A. 配送车辆的利用率　B. 配送人员的使用率　C. 配送成本的高低

D. 满足客户提出的配送服务需求　E. 车辆最大容积率原则

3. 调度作业的主要步骤包括（　　）。

A. 数量统计　B. 安排配送区域　C. 发货量汇总

D. 配送车辆安排　E. 装车出货

4. 在调度作业管理技能中的配送车辆调度原则包括（　　）。

A. 最近到达原则　B. 邻近区域调度原则　C. 合适原则

D. 最小成本原则　E. 最短路径原则

5. 在配送车辆调度原则中的合适原则包括（　　）。

A. 合适的供应商　B. 合适的车型　C. 合适的代理商

D. 合适的车辆来源　E. 合适的车主

6. 在配送车辆选择模式中包括（　　）。

A. 直送式配送　B. 分送式配送　C. 间送式配送

D. 统送式配送　E. 点送式配送

7. 划分了配送区域以后，需根据客户的具体位置、沿途的交通状况等选择线路，线路的特征包括（　　）。

A. 人员调动少　B. 配送区域集中　C. 配送距离短

D. 时间消耗少　E. 成本支出低

8. 配送车辆规划方法中的配送规划目标包括（　　）。

A. 效益最高　B. 成本最低　C. 路程最短

D. 吨公里最低　E. 准时性最高

9. 配送车辆规划方法中的配送规划限制条件包括（　　）。

A. 满足所有客户对货品品种、规格、数量的要求

B. 满足客户对货物送达时间范围的要求

C. 在交通管制允许通行的时间内进行配送

D. 各配送路线的货物量不得超过车辆容积及载重量的限制

E. 在配送中心现有运力允许的范围之内

10. 配送车辆规划方法中的规划方案的评选包括（　　）。

A. 评估核算成本　　B. 对各方案涉及的数据进行计算

C. 拟定配送路线方案　　D. 确定评价项目

E. 对方案进行综合评价

11. 在车辆调度的过程中需要注意的事项有（　　）。

A. 应注意考虑车辆的维护保养需求

B. 应考虑线路总行驶里程，防止驾驶人员过于疲劳

C. 确定配送线路时，需综合考虑车辆自身和客户所在地情况，对配送有特殊需求的客户，规划线路时优先考虑

D. 安排好配送方案后，需要核对各车辆所装货品是否超过该车辆的额定承载重量和额定承装体积，未超过时确认配送方案；若超过时，需重新规划配送方案

E. 处理好配送时间

12. 调度的好坏可以用配送成本费用相关指标来进行衡量，主要包括（　　）。

A. 平均每车次配送吨公里数　　B. 空车率　　C. 每吨公里配送成本

D. 平均每车次配送成本　　E. 每公里配送成本

13. 签收作业包括（　　）。

A. 单据处理作业　　B. 货物处理作业　　C. 门店卸货作业

D. 差错处理作业　　E. 门店清点作业

14. 以下属于门店卸货作业主要步骤的是（　　）。

A. 车辆停靠　　B. 交单　　C. 清点货品

D. 搬运下车　　E. 入店堆叠

15. 签收作业中的管理技能包括（　　）。

A. 下货堆叠　　B. 货品签收　　C. 交货对点

D. 注意事项　　E. 评价指标

16. 签收作业管理技能中的下货堆叠需要注意的是（　　）。

A. 整箱与零散货品要统一堆放　　B. 整箱与零散货品要分开堆放

C. 堆叠时需要考虑货品的接收顺序　　D. 下货堆叠要注意货品包装的承载重量

E. 堆叠时需要考虑货品名的性质

17. 签收作业管理技能中的注意事项包括（　　）。

A. 货品的安全性

B. 交接的单据是否完整

C. 如果是送货有差异，配送员需将送货差异单交客户或门店签收

D. 如果是收货有差异，经配送员和门店收货员双方确认后将差异货品信息录入电脑，打收货差异单，并将差异货品带回

E. 经双方确认无误后，配送员和门店收货员在送货单上签名确认，客户或门店加盖收货专用章

18. 收退作业包括（　　）。

A. 货品清点　　B. 入库交接　　C. 在店验收

D. 货品检查　　E. 到库下货

19. 在店验收作业主要步骤包括（　　）。

A. 货品检查　　B. 在库对点　　C. 货品清点

D. 货品签收　　E. 返品上车

20. 入库交接作业主要步骤包括（　　）。

A. 到库下货　　B. 在库对点　　C. 货品签收

D. 返品整理　　E. 送到返品处理区

21. 在门店销售中退货原因一般包括（　　）。

A. 临近保质期　　B. 货品滞销　　C. 季节性换货

D. 客户间调拨　　E. 无其他原因只是顾客不满意

22. 门店销售退货验收中不可退货的一般标准包括（　　）。

A. 包装残旧、破损、变形等情况不可退

B. 所有过期货品不可退

C. 超过收退日期的货品不可退

D. 淘汰的货品不可退

E. 整件出货货品，退货时必须为整件且包装完好可退，否则不可退

23. 门店销售退货验收中不可退货的一般标准包括（　　）。

A. 出货配有赠品的货品，退货时必须配有赠品，否则不可退

B. 生产日期模糊的货品不可退

C. 整件出货货品，同一箱内有生产日期不一致货品或多种货品混装不可退

D. 非本公司配送的货品不可退

E. 所有具有质量问题的货品不可退

24. 门店销售退货差异处理包括（　　）。

A. 配送员在交接退货差异时必须与退货部收货员当面点清

B. 配送员不可将差异单据撕毁或带走

C. 退货部收货员发现实物与单据不符时必须交配送员当面处理

D. 发现实物与单据不符时退货部可自行处理

E. 配送员不可与退货作业人员争执，如有疑问可向退货组上级管理人员反映情况

25. 退货整理员按照不同的处理方法将收退货品分为（　　）。

A. 退供应商货品　　B. 退零售商货品　　C. 拒退货品

D. 良品　　E. 赝品

26. 退货问题投诉一般分为（　　）。

A. 退货数量不一致　　B. 退货单未处理　　C. 拒退货未收到

D. 拒退货数量不一致　　E. 质量

27. 退货问题投诉情况分类中的退货单未处理一般包括（　　）。

A. 若显示未回单，就要询问复核组是否曾把此货发出去

B. 若整份单未处理，则通知门店传退货单，检查签收单与交接单

C. 若系统有此退货单的数据，又有交接的话，则立即为门店做单

D. 若有刷卡，但司机没与门店交接的话，则向相关责任人追究责任

E. 若信息部漏做单，则补做单

28. 门店销售退货应特别注意（　　）。

A. 退货收货员所接收退货与单据不一致时，应在退货单上注明

B. 退货单据应保持清洁、完整

C. 若包装为别家门店退货，再配到该门店的，可让门店退回，交给退货组处理

D. 退货交接后须双方签字确认

E. 收退的货品与未配送的货品要分开放置

29. 核单作业的基本流程包括（　　）。

A. 接收回单　　B. 审核回单　　C. 差异处理

D. 返单处理　　　　　　　　　E. 回单确认

30. 审单作业过程中的要点包括（　　）。

A. 审核回单是否正确，是否为客户确认的有效回单，如查看是否盖有客户收货专用章，是否有客户收货签名等，同时要查看回单是否完整、齐全

B. 审核回单签收有无迟到、货物短少、窜号、残损、包装破损、变形、水湿等不良记录，如有则按有关标准进行扣罚

C. 审核回单发现存在差异时找配送员进行差异处理，追究相关责任

D. 回单审核完毕必须及时在系统中作相应处理

E. 信息员在信息系统内必须对每项回单进行确认

四、情景问答题（请简要回答下面的问题。）

1. 小王最近在一家物流公司从事配送工作，接触之后他发现在配送作业中调度作业是配送过程的“中枢神经”，起到统领全过程的作用。请问调度作业的主要步骤包含哪些？

2. 龙运物流公司是一家新成立的专门以配送货物为主营业的物流公司，最近在组织自己的配送车队，请问配送车辆调度原则是什么？

3. 在物资进行配送过程中，配送路径的选择十分重要，作为专业的物流公司或者运输公司来说，采用合理而科学的运输路线进行物资配送，不仅可以节约成本，避免不必要的浪费，而且也能为客户留下良好的专业化印象。请列出几种运输路径规划方法，并简要阐述求解方法。

4. 一家干货生产企业为满足遍及全国的1000家连锁店的配送需要，建造了6座仓库，并拥有自己的车队。随着经营的发展，企业决定扩大配送系统，计划在某市投资1000万元再建一座新仓库，并配以新型的物料处理系统。该计划提交董事会讨论时，却发现这样不仅成本较高，而且就算仓库建起来也还是满足不了需要。于是，企业把目光投向租赁公共仓库，结果发现，如果企业在附近租用公共仓库，增加一些必要的设备，再加上原有的仓储设施，企业所需的仓储空间就足够了，并且总投资只需20万元的设备购置费，10万元的外包运费，加上租金，也远没有1000万元之多。请问企业这种做法为什么能降低配送成本？

5. 万达公司最近在配送货物方面总会发生配送延迟，使得公司在最近的运营遇到了很大的难题，请分析物流配送采用延迟策略的条件都有哪些，可帮助万达公司尽快走出困境？

6. 顺丰公司最近在扩展他们的配送路线的整体网络，怎样开展配送运输网络设计？

五、论述题

1. 试述退货作业流程的主要步骤。

2. 试述核单作业流程和审核回单的作业要点。

3. 试述返品处理作业中配送中心设施规划与设计的原则。

六、案例题

沃尔玛的年销售额连续三年位居福布斯排名冠军，相对于汽车制造、IT、高科技电子等高利润行业，它是一个利润率极低的零售商，能连续三年第一，堪称奇迹。沃尔玛所以能够迅速增长，并且成为世界500强之首，这些成绩的取得与沃尔玛在节省成本以及在物流运送、配送系统方面的成就是分不开的。沃尔玛把注意力放在物流运输和配送系统方面，使其成为沃尔玛公司的焦点业务。

注重物流投入

沃尔玛2003年在物流方面的投资是1600亿美元，2004年增长到1900亿美元，仅2004年用于物流配送中心建设的资金就高达250亿美元。而上海联华这个国内数一数二的零售商仅100多亿元。沃尔玛早在20世纪80年代初就花了7亿美元发射了一颗卫星，专门用于物流工作，那时用7亿美元发射卫星对沃尔玛是个极大的转折，就算到现在也没有哪家零售商会发射卫星，它能通过卫星在两小时内把全球商场内的货物通通盘点一次，沃尔玛公司的新任CEO就来自于物流部门，由此可见物流和配送在公司中的重要性。

实施“无缝点对点”

沃尔玛的经营哲学是“以最佳的服务，最低的成本，提供最高质量的服务”。在物流运营过程当中，要尽可能降低成本，让利于消费者，沃尔玛向自己提出了挑战，其中的一个挑战就是要建立一个“无缝点对点”的物流系统，能够为商店和顾客提供最迅速的服务。这种“无缝”的意思是指使整个供应链达到一种非常顺畅的链接。

建立良好的循环系统

为了使成本最低，沃尔玛建立了物流循环系统。实践证明，如果物流循环是比较成功的，那么在顾客购买了某种商品之后，这个系统就开始自动地进行供货。

沃尔玛的物流循环系统当中的可变性使得这些卖方和买方（工厂与商场）可以对于这些顾客所买的东西和订单能够进行及时的补货，配送中心应当从供货商那里就可以直接拿到货。

这个系统与配送中心联系在一起，沃尔玛的配送中心实际上是一个中枢，将供货方的产品经该中枢提供给商场。供货商只提供给配送中心，不用直接给每个商店，因此这个配送中心可以为供货商减少很多成本。

沃尔玛降低配送成本的另外一个方法就是与供应商一起来分担。供货商们可以送货到沃尔玛的配送中心，也可以直接送到商店当中，这两者进行比较，如果供货商们采用集中式的配送方式，就可以节省很多钱，而供货商就可以把省下来的这部分利润，让利于消费者。而且这样做，这些供货商们也可以为沃尔玛分担一些建立配送中心的费用。所有这些做法的最终目的都是为向消费者进行让利。通过这样的方法，沃尔玛就从整个供应链中，将这笔配送中心的成本费用节省下来，实现了低投入高产出。

建立开放式的平台

沃尔玛每一个星期可以处理 120 万箱的产品。由于沃尔玛公司的商店众多，每个商店的需求各不相同，这个商店也许需要这样，那个商店可能又需要另一样。沃尔玛的配送中心能够根据商店的需要，自动把产品分类放入不同的箱子当中。沃尔玛所有的系统都是基于 UNIX 系统的一个配送系统，这是一个非常大的开放式的平台，不但采用传送带，还采用产品代码，以及自动补货系统和激光识别系统，这样，员工可以在传送带上就取到自己所负责的商店所需的商品。那么在传送的时候，他们是怎么知道应该取哪个箱子呢？传送带上有一些信号灯，有红的、绿的，还有黄的，员工可以根据信号灯的提示来确定商品应被送往的商店。这样，所有这些商场都可以在各自所属的箱子当中放入不同的货品。由于供应链中的各个环节都可以使用这个平台，因此节省了拣选成本。

建立自己的运输车队

沃尔玛的物流部门实行全天候的运作，而且是每天 24 小时，每周 7 天的运作。众所周知，沃尔玛的产品卖得非常多，因此运输车队对物流的支持是非常必要的，要确保商店所需的商品不断地流向沃尔玛的商店，这样物流就没有任何停止的过程。

在整个物流过程当中，最昂贵的就是沃尔玛运输这部分，运输车队省下的成本越多，那么整个供应链当中所节省的钱就越多，让利给消费者的部分也就越多。因此沃尔玛采用一种尽可能大的卡车，而且沃尔玛使用的汽车一般比集装箱运输卡车要更长或者更高。

沃尔玛的车辆都是自有的，汽车司机也是沃尔玛的员工。他们在美国各个州之间的高速公路上运行，车中的每立方米都填得满满的，这样非常有助于沃尔玛节省成本。

沃尔玛在注重车辆管理的同时还注重对员工的管理，沃尔玛的车队大约有 5000 名非司机员工，还有3700多名司机。沃尔玛采用全球定位系统，来对车辆进行定位。因此，在任何时候，调度中心都可以知道这些车辆在什么地方，离商店还有多远，同时他们也可以了解到某个产品运输到了什么地方了，还有多长时间才能运到商店，沃尔玛对事件的把握可以精确到小时。调度中心知道卡车在哪里，产品在哪里，就可以提高整个系统的效率。

那么，沃尔玛在运输方面有一些什么样的战略和策略呢？第一，提高实载率，沃尔玛都把卡车装得非常满；第二，注重时间管理，一些商场，只在白天开门，但是物流部门却是24小时地在进行工作。在配送中心，沃尔玛也和这些供货商都定好时间，按照运行的时间表来进行。沃尔玛重视对时间的管理，就可以节省时间、提高效率。

另外，让供应商采用沃尔玛的运输系统，由他们自己完成运输，因为沃尔玛的运输成本比供货商低。采用沃尔玛的物流配送系统可以对供货商进行成本上的节省，而且从厂商到货架的过程，沃尔玛增加的部门并不会增加运作的成本，合理安排反而会降低运作的成本。

根据以上案例，请问连锁超市物流配送有哪些优点和缺点，可能遇到的问题以及连锁超市物流配送应如何改进。

单元1 概　述 | 单元2 仓库布置和设备选用 | 单元3 进货入库作业 | 单元4 补货及拣货作业 | 单元5 出货作业

单元6 配送作业 | **单元7 返品处理作业** | 单元8 仓库管理 | 单元9 信息技术应用

单元 7　返品处理作业

本单元学习目标

通过本单元学习，你应该能够：

1. 掌握返品处理作业方法
2. 掌握退货处理的办法
3. 能准确分析退货原因，并加以改进

一、判断题（本类题型所包含的每道小题都只有正确或错误的一种答案，你认为正确的请在答题卡对应的题号上涂 A，错误的涂 B。）

1. 客户收货人有拒收或退货的情况时，配送员不需要把货物运回仓库进行处理。(　　)

2. 返品处理作业过程的具体步骤顺序是：返品整理作业—返品验收作业—良品入库作业—拒收退作业—不良品退仓作业。(　　)

3. 不良品移交供应商，供应商审核退货，若发现不符合退货条件，与退货部处理差异；符合退货条件的货品退回销售商处理。(　　)

4. 一旦由消费者或经销商发现货品在设计、制造过程中的显性质量问题，必须立即部分或全部回收。(　　)

5. 由于配送中心本身的处理不当，如拣货不准确或条码、送货单等处理错误，使客户收到的货品种类或数量与订单不符，必须做换货或退回处理，以减少客户抱怨。(　　)

6. 因运输途中损坏而发生退货的，根据退货情况，由发货人确定所需的修理费用或赔偿金额。然后由送货人负责赔偿。(　　)

7. 整理好的退货需摆放整齐，标示向内便于查看和区分。(　　)

8. 所接收退货与单据不一致时，应找配送员处理差异，并在退货单上注明。(　　)

9. 在指标评价中客户流失率反映了返品作业时提供的服务“不合格”的程度。(　　)

10. 在物流活动中，退货处理会大幅增加成本，减少企业利润，因此应尽可能地避免退货的产生。(　　)

11. 对于不符合退货条件的货品，退货整理员整理后由配送员带回给供应商并附带拒收退原因说明。(　　)

12. 退货收货员根据配送员带回来的退货单核对退货名称、数量、规格、保质期等信息，若实际货品与退货单信息不一致，找配送员进行差异处理，并对回单进行确认属于返品整理作业。(　　)

13. 当货品出现质量问题需要回收的时候，运输部门处理意外事件能力的展现，能够提

高客户满意度。(　　)

14. 由于从回收到销毁，需投入较多成本，所以要事前准确分析货品的需求，尽可能通过多批次小批量配送来减少过期货品的发生概率。(　　)

15. 由于送货发生错误的，应由配送员将送错货物调回，重新按正确订单发货，所发生的所有费用应由经销商承担。(　　)

16. 对于因产品有缺陷，客户要求退货的，配送调度员应安排车辆收回退货货品，并收取费用，重新送货。(　　)

17. 退货封箱前需将发票单据放在退货门店对应的物流箱里。(　　)

18. 良品退货需按归属区域分别堆放。不良品退货需按经销商分别堆放。(　　)

19. 在返品处理作业过程中，其中最重要的是生产部门。(　　)

20. 客户流失率指标可反映出客户对产品质量的满意程度。(　　)

21. 现状分析和发展分析属于按研究内容的空间时间性质分类的方法。(　　)

22. VMI 采购强调由供应商根据用户的需求信息，预测用户的需求，主动大批量少频次向用户补充库存，用户的库存量由供应商决定。(　　)

23. 客户关系管理中的控制包括客户行为控制和客户风险控制。(　　)

24. 在选择运输方式时，费用是重要的考虑因素。而运费又与运输距离有关，距离越短，则公路的运费越省；相反，距离越长，铁路和水路的运费越省。(　　)

25. 呆废货品率是考核仓库货品库存量是否适当和经营绩效的重要指标。(　　)

26. 返品处理作业是配送作业的前续工作。(　　)

27. 若实际货品与退货单信息不一致，不用与配送员进行差异处理，只需对回单进行确认就可以。(　　)

28. 对退货货品应用 RF 终端扫描，根据 RF 终端显示的信息对归属不同区域货品进行分类。(　　)

29. 射频识别技术具有写入信息和更新内存的能力。(　　)

30. 由于包装不良或搬运中剧烈振动造成货品破损的，必须重新研究包装材质，找出真正原因并加以改善。(　　)

31. 物流客户信息管理可以帮助企业实施针对性弱、效率低的市场营销活动。(　　)

32. 回收逆向物流是指下游客户将不符合订单要求的产品退回给上游供应商。(　　)

33. RFID 标签可以提供供应链管理中产品流与资金流的双向通信。(　　)

34. 对于退货责任在客户方的，不允许退货。(　　)

35. RFID 具有加快拣货速度，降低拣货错误率，免除表单作业等优点。(　　)

36. 物流服务一般来说指的就是物流企业的客户服务。(　　)

37. 物流客户服务一般来说指的就是物流企业的客户服务。(　　)

38. 物流客户服务的最终目标就是保证顾客对商品的利用可能性。(　　)

39. 物流企业的客户服务是用来支持物流服务商品销售的。(　　)

40. 产品的可得性、运作绩效以及服务的可靠性是物流服务的特性。(　　)

41. 企业的物流系统决定了企业物流服务水平。(　　)

42. 物流服务水平越高，物流效益越高。(　　)

43. 物流服务与物流成本两者之间适用于二律背反规律。(　　)

44. 传统物流服务的主体功能主要是运输与仓储，其提供的服务目标和核心主要是获利。(　　)

45. 随着企业的发展和客户对物流服务的个性化需求以及现代物流的发展，物流服务提供方式越来越趋于专业化和多样化。(　　)

46. 物流企业为客户对其物流系统一体化的功能整合就是增值服务。(　　)

47. 物流增值服务就是指独特的或特别的活动，使物流服务的供需双方能够通过共同努力提高效率和效益。(　　)

48. 退货验收应检查包装是否损坏，货品是否变质、过期。(　　)

49. 退货交接后仅需接收方签字确认。(　　)

50. 客户流失率主要是反映在出现返品作业后客户的流失情况，也就是下次能否再合作的情况。该指标越高越好。(　　)

51. RFID 技术通过无线信号自动识别目标对象并获取相关数据，无须人工干预，可识别高速运动物体，可同时识别多个标签，操作快捷方便，可工作于各种恶劣环境。(　　)

52. 客户关系管理中的控制包括客户行为控制和客户风险控制。(　　)

53. 物流服务的范围主要是指业务服务区域的广度。(　　)

54. 外部环境分析主要分析物流需求客户市场。(　　)

55. 供应商送货把整个进货管理的任务和进货途中的风险都转移给了供应商。(　　)

56. 物流中心级信息平台是物流园区级信息平台的一个子集。(　　)

57. 条码阅读器可同时识读多个条码标签，RFID 辨识器一次只能识读一个 RFID

标签。(　　)

58. 物流客户信息管理可以帮助企业实施针对性强效率高的市场营销活动。(　　)

59. 中国自动识别技术协会目前表示，频段未划分、标准未确立和产业基础薄弱，这三大因素制约着 RFID 大规模应用。(　　)

60. 对于因产品有缺陷，客户要求退货的，配送调度员应安排车辆收回退货货品并收取费用，重新送货。(　　)

二、单选题（本类题型所包括的每道小题只有一个正确答案，请在给出的选项中选出正确答案。）

1. 在物流活动中，退货处理导致成本和利润发生相应的变化，因此应尽可能地避免退货的产生，成本与利润变化的趋势是（　　）。

A. 成本增加，利润增加　　B. 成本增加，利润减少

C. 成本减少，利润增加　　D. 成本减少，利润减少

2. 对于不符合退货条件的货品，退货整理员整理后由配送员带回给（　　）。

A. 供应商　　B. 中间商　　C. 客户　　D. 销售商

3. 退货收货员根据配送员带回来的退货单核对退货名称、数量、规格、保质期等信息，若实际货品与退货单信息不一致，找配送员进行差异处理，并对回单进行确认。此项作业属于（　　）。

A. 返品验收作业　　B. 返品整理作业　　C. 良品入库作业　　D. 拒收退作业

4. 当产品出现质量问题需要回收的时候，需要体现处理意外事件能力、能够提高客户满意度的部门是（　　）。

A. 生产部门　　B. 销售部门　　C. 运输部门　　D. 配送中心

5. 由于从回收到销毁，需投入较多成本，所以要事前准确分析货品的需求，减少过期货品的发生概率的配送方式是（　　）。

A. 多批次多批量　　B. 多批次小批量　　C. 小批次多批量　　D. 小批次小批量

6. 由于送货发生错误的，应由配送员将送错货物调回，重新按正确订单发货，所发生的所有费用的承担者是（　　）。

A. 送货人　　B. 运输单位　　C. 生产商　　D. 经销商

7. 对于因产品有缺陷，客户要求退货的，配送调度员应安排车辆收回退货货品的退货处理方法属于（　　）。

A. 无条件重新送　　B. 货运输单位赔偿

C. 收取费用，重新送货　　D. 重新送货或替代

8. 退货封箱前，放在退货门店对应的物流箱里的单据是（　　）。

A. 发票单据　　B. 产品详单　　C. 退货单　　D. 进货单

9. 良品退货和不良品退货需要分别堆放，一般原则是（　　）。

A. 良品按归属区域，不良品按经销商　　B. 良品按归属区域，不良品按供应商

C. 良品按供应商，不良品按归属区域　　D. 良品按经销商，不良品按归属区域

10. 在返品处理作业过程中，其中最重要的是（　　）。

A. 运输部门　　B. 仓储部门　　C. 销售部门　　D. 生产部门

11. 下列指标可反映客户对产品质量满意程度的是（　　）。

A. 客户流失率　　B. 客户投诉率　　C. 返品率　　D. 耐久率

12. 企业物流按从事业务的性质分类：供应物流、废弃物流、生产物流、销售物流、（　　）。

A. 宏观物流　　B. 回收物流　　C. 逆向物流　　D. 微观物流

13. 现状分析和发展分析分类的依据是（　　）。

A. 竞争性质　　B. 学术性质　　C. 空间时间性质　　D. 时间特性

14. VMI 采购强调由供应商根据用户的需求信息来预测用户的需求，主动（　　）向用户补充库存，用户的库存量由供应商决定。

A. 小批量多频次　　B. 大批量少频次　　C. 定量定期　　D. 定期不定量

15. “盘点管理”功能一般设计在仓储管理系统的（　　）。

A. 入库管理　　B. 库存管理　　C. 出库管理　　D. 返品管理

16. 在返品验收货物进出过程中，一般要求做到装卸搬运（　　）。

A. 集装化　　B. 流水作业　　C. 一体化　　D. 连续作业

17. 返品过程中的货运经济活动为社会创造价值的是（　　）。

A. 服务行为　　B. 物质生产　　C. 社会分配　　D. 物质消费

18. 返品处理作业是配送作业的（　　）。

A. 前续工作　　B. 后续工作　　C. 中间环节　　D. 准备工作

19. 物流客户信息管理可以帮助企业实施的市场营销活动的特性是（　　）。

A. 针对性弱，效率低　　B. 针对性强，效率低

C. 针对性弱，效率高　　D. 针对性强，效率高

20. 由于送货发生错误的，应由配送员将送错货物调回，重新按正确订单发货属于（　　）。

A. 无条件重新送　　B. 货运单位赔偿

C. 收取费用，重新送货　　D. 重新送货或替代

21. 因运输途中损坏而发生退货的，根据退货情况，由发货人确定所需的修理费用或赔偿金额的属于（　　）。

A. 无条件重新送　　B. 货运单位赔偿

C. 收取费用，重新送货　　D. 重新送货或替代

22. 对于退货责任在客户方的，也可以允许退货，但要收取一定的费用，然后再根据客户新的订货单重新送货的方式属于（　　）。

A. 无条件重新送　　B. 货运输单位赔偿

C. 收取费用，重新送货　　D. 重新送货或替代

23. 对于因产品有缺陷，客户要求退货的，配送调度员应安排车辆收回退货货品的属于（　　）。

A. 无条件重新送　　B. 货运输单位赔偿

C. 收取费用，重新送货　　D. 重新送货或替代

24. 关于条码识读技术和射频识读技术（RFID），下列说法正确的是（　　）。

A. 它们一次都只能识读一个标签

B. 它们一次都能同时识读数个标签

C. 条码阅读器一次只能识读一个条码标签，RFID 辨识器可同时识读数个 RFID 标签

D. 条码阅读器可同时识读数个条码标签，RFID 辨识器一次只能识读一个 RFID 标签

25. 在一次仓库操作作业过程中，门式读写器会对物品上的 RFID 电子标签信息读取（　　）。

A. 一次　　B. 两次　　C. 三次　　D. 四次

26. 中国自动识别技术协会目前表示，制约着 RFID 大规模应用的因素包括频段未划分、产业基础薄弱（　　）。

A. 技术不成熟　　B. 价格太高　　C. 安全性差　　D. 标准待确立

27. 从制造企业和商业企业的角度观察物流服务，物流服务属于企业的（　　）。

A. 产品服务　　B. 顾客服务　　C. 营销服务　　D. 保障服务

28. 强调物流服务的本质是将商品送到用户手中，使其获得商品的利用可能性称为（　　）。

A. 到达理论　　B. 距离理论　　C. 存货理论　　D. 供应理论

29. 当客户需要产品时，企业具有可向客户提供足够产品的库存能力称为（　　）。

A. 供需的动态性　　B. 产品的可得性　　C. 送达的快速性　　D. 服务的可靠性

30. 能够体现物流的综合特征，关系企业是否具备实施与交货相关的所有业务活动的能力，向客户提供及时准确的信息能力的是指（　　）。

A. 供需的动态性　　B. 产品的可得性　　C. 送达的快速性　　D. 服务的可靠性

31. 动态的企业物流服务观念是用理论考察与制订客户服务需求计划有关的动态情况，最主要的标准是（　　）。

A. 客户满意度　　B. 顾客心理需求　　C. 产品生命周期　　D. 物流的成本

32. 在新产品引入阶段，需要有灵活的物流服务和（　　）。

A. 高度产品可得性　　B. 中等产品可得性　　C. 一般产品可得性　　D. 低度产品可得性

33. 最大限度地降低风险比最大限度地减少物流服务成本更为重要的阶段是（　　）。

A. 导入阶段　　B. 成长阶段　　C. 成熟阶段　　D. 衰退阶段

34. 独特的或特别的活动，使物流服务的供需双方能够通过共同努力提高效率和效益，称为（　　）。

A. 在线物流服务　　B. 增值物流服务　　C. 完整物流服务　　D. 特殊物流服务

35. 进行时间序列分析最常见的内容是分析（　　）。

A. 市场份额　　B. 相对发展水平　　C. 增长率　　D. 变动趋势

36. 准时货运集散战略的分类依据是（　　）。

A. 发展方向　　B. 服务项目　　C. 战略行为　　D. 战略重点

37. VMI 采购强调由供应商根据用户的需求信息来预测用户的需求，主动向用户补充库存，用户的库存量由供应商决定，在补充库存时一般是（　　）。

A. 小批量多频次　　B. 大批量少频次　　C. 定量定期　　D. 定期不定量

38. 与主要的供应商保持长期稳定的合作关系是组织激励的主要措施是（　　）。

A. 减少供应商数量　　B. 增加供应商

C. 建立信息交换机制　　D. 缩短应付账款周期

39. 下列不属于装卸搬运技术装备应用特点的是（　　）。

A. 适应性强　　B. 单位成本高　　C. 设备能力强　　D. 机动性较差

40. 为支持企业的核心产品（或服务）而提供的服务称为（　　）。

A. 物流服务　　B. 客户服务　　C. 质量服务　　D. 产品服务

三、多选题（本题型所包含的每道小题都有不止一个正确答案，请选出你认为正确的答案，错选和多选者本小题不得分，少选但选项正确的可得到相应的分数。）

1. 返品处理作业涉及的设备包括（　　）。

A. RF 手持终端　　B. 手推车　　C. 物流箱

D. 重力货架　　E. 托盘叉车

2. 返品处理作业过程包括（　　）。

A. 验收　　B. 整理　　C. 包装

D. 良品入库　　E. 不良品退仓

3. 返品处理作业流程关键步骤是（　　）。

A. 返品验收作业　　B. 返品整理作业　　C. 良品入库作业

D. 拒收退作业　　E. 不良品退仓作业

4. 在返品处理作业管理中，退货原因主要包括（　　）。

A. 瑕疵品回收　　B. 搬运中损坏　　C. 货品送错退回

D. 货品过期退货　　E. 顾客不满意

5. 在退货作业处理的过程中经常采用的方法是（　　）。

A. 无条件重新送　　B. 货运输单位赔偿　　C. 收取费用，重新送货

D. 顾客自行赔偿　　E. 重新送货或替代

6. 退货封箱应在包装箱上注明以下内容（　　）。

A. 送达地址　　B. 供应商名称　　C. 货品条码

D. 生产日期　　E. 数量

7. 在退货过程中除了立即回收外，仓库还须积极配合做好以下工作（　　）。

A. 立即补送新货　　B. 退品及时修补　　C. 会计立即修正

D. 保险理赔　　E. 分析退货原因

8. 企业在处理退货过程中应注意以下事项（　　）。

A. 企业高管应参加回收产品的一切活动

B. 退货单据应保持清洁、完整

C. 退货验收应检查包装是否损坏，货品是否变质、过期

D. 退货交接后双方签字

E. 确认所接收退货与单据不一致时，应找配送员处理差异，并在退货单上注明

9. 对于返品处理作业来说，常用的评价指标有（　　）。

A. 返品率　　B. 客户满意度　　C. 客户投诉率

D. 客户新增率　　E. 客户流失率

10. 下列属于返品中心主要功能的有（　　）。

A. 接收所有返品　　B. 对返品进行甄别　　C. 返品资金统一结算

D. 返品信息统计分析　　E. 返品分类

11. 企业物流按从事业务的性质分类是：供应物流、生产物流、销售物流和（　　）。

A. 宏观物流　　B. 回收物流　　C. 废弃物流

D. 微观物流　　E. 逆向物流

12. 物流功能主要包括（　　）。

A. 设备的获取或建设、维护、运行和部署

B. 物品的设计、改进、获得、制造、存储、移动、分配、维护和部署

C. 连接以上各方面的信息的收集、处理、分析、发送和解释

D. 物流信息系统的设计、改进、管理和维护

E. 不符合规格的物品的回收再利用

13. 退货收货员根据配送员带回来的退货单核对退货物品的（　　）。

A. 名称　　B. 数量　　C. 规格

D. 保质期　　E. 价格

14. 退货整理员将退货收货员验收好的货品进行分类整理，装入物流箱中的依据是（　　）。

A. 供应商　　B. 分销商　　C. 生产日期

D. 产品编号　　E. 货品的状态

15. 在良品入库时，入库上架员验收核对货品的信息包括（　　）。

A. 名称　　B. 数量　　C. 规格

D. 保质期　　E. 重量

16. 在瑕疵品回收中，仓库或配送中心虽不会有直接的成本损失，但可使企业损害降低、增进与厂商及客户间的关系的方式是（　　）。

A. 有意逃避　　B. 推脱责任　　C. 不予理睬

D. 迅速响应　　E. 积极配合

17. 货物运送过程中可能发生错误，一般有（　　）。

A. 订单接收错误　　B. 拣货错误　　C. 出货单贴错

D. 客户接收错误　　E. 上错车

18. 当返品率越低时，说明产品很多方面都达到了一定的水平，能够满足客户的要求，这些方面包括（　　）。

A. 耐久度　　B. 稳定性　　C. 客户满意

D. 实用性　　E. 价格公道

19. 物流中心作为供货商与销售商之间的纽带，具有（　　）。

A. 订单处理　　B. 仓储管理　　C. 流通加工

D. 拣货配送　　E. 开拓市场

20. 物流客户服务的基本特点有（　　）。

A. 产品的可得性　　B. 运作绩效　　C. 服务的可靠性

D. 需求波动性　　E. 可替代性

21. 物流服务的特性有（　　）。

A. 从属性　　B. 即时性　　C. 移动性和分散性

D. 需求波动性　　E. 可替代性

22. 产品的可得性考虑的性能指标是（　　）。

A. 缺货频率　　B. 订货周期　　C. 满足率

D. 发出订单的完成情况　　E. 运作速度

23. 以下用于衡量物流客户服务质量的执行标准是（　　）。

A. 接收订单　　B. 库存保管　　C. 订货周期

D. 商品完好率　　E. 配送率

24. 物流客户服务的衡量标准通常有（　　）。

A. 库存保有率　　B. 订货周期　　C. 配送率

D. 商品库存服务率　　E. 商品完好率

25. 物流客户服务多样性的表现形式包括（　　）。

A. 可以体现为一种具体活动　　B. 可以体现为一种作业流程

C. 表现为一种执行的标准　　D. 表现为一种活动期望

E. 表现为一种经营理念

26. RFID 是一种突破性的技术，它与之前出现的条码技术相比优势体现在（　　）。

A. 可识别单个具体物体　　B. 可识别一类物体

C. 可通过无线电射频技术读取信息　　D. 可通过激光技术读取信息

E. 可同时对多个物体进行识读

27. 中国自动识别技术协会认为：目前制约着 RFID 大规模应用的因素是（　　）。

A. 技术不成熟　　B. 价格太高　　C. 产业基础薄弱

D. 标准待确立　　E. 频段未划分

28. RFID 系统主要硬件包括（　　）。

A. 门式读写器　　B. 固定式 RFID 读写器　　C. 手持读写器

D. RFID 电子标签　　E. 信息采集系统

29. 按照物流系统的作用分类，物流可分为（　　）。

A. 供应物流　　B. 销售物流　　C. 生产物流

D. 回收物流　　E. 废弃物物流

30. 按照物流活动的空间范围分类，物流可以分为（　　）。

A. 地区物流　　B. 供应物流　　C. 销售物流

D. 国内物流　　E. 国际物流

四、情景问答题（请简要回答下面的问题。）

1. 最近陈女士一家新购进了一套号称“原装进口”的达芬奇天价家具，但在运输搬运的过程中，可能是由于疏忽家具上出现了一些划痕，但陈女士当时没有发现。正一直为此事与运输搬运公司交涉的过程中，又在网上得知了达芬奇家具被央视曝光存在产品产地造假和货物质量问题。一怒之下她决定与厂商联系要求退货。但厂商说产品在陈女士手中已经出现质量问题不予退货。面对此类问题陈女士应如何解决，损失应由谁承担，并给出理由。

2. 某公司新进职员小王想在“返品作业”栏“退货明细查询”项中查询退货明细，请问应从哪几项进行查询?

3. 某汽车4S店，一辆宝石蓝色轿车由于颜色不讨好一直卖不出去。厂方市场部建议，首先由这家店通过折价、赠送礼品等方式加强促销；同时，告知同城的另一经销商，如果他们有客户需要这种颜色的车，允许调货；如果两周内仍然不能推销出去，告知相邻省份的经销商，并通知厂方销售部，查询全国其他经销商订货需求，如有订货计划，直接将这辆车调至该地；最后，在没有任何经销商需要这辆车的情况下，发送回厂重新改喷漆面。请问厂家为什么这样做?

4. 万利公司是国内一家有名的物流企业，在发展的过程中发现在现代的竞争中客户服务至关重要，请问物流客户服务具有哪些表现形式?

5. 小王刚进一家物流企业，跟着客户经理做客户关系。他问客户经理如何处理好客户关系，经理对他说，那你一定要搞清物流客户服务的基本特点，请问物流客户服务具有哪些特点?

6. 许多美国大型零售公司累计在全美各地设立了近百个规模不等的返品中心。其中沃尔玛公司就设立了10家，凯玛特公司拥有4家，Universal公司拥有2家，其他如宜家、Target公司等较大的连锁零售商也都有自己的返品中心。此外，一些规模较小的连锁商业公司则采取几家合伙的形式，设立返品处理中心。目前，美国通过返品中心处理的返品已占返品总数的6成以上，集约化处理已成为逆向物流管理的主导方式。返品中心的主要功能有哪些?

7. 金兰物流公司是一家专业化的第三方物流企业，经营着多种配送、抵押贷款、废弃物物流等多种物流业务，并拥有一个20000多平方米的返品处理中心，为多家企业提供返品处理服务。李经理是返品中心的分管经理，最近随着公司业务量的增加，他一直在为如何正确合理地对返品处理业务进行有效评价而苦恼，请你为他具体介绍一下返品处理作业评价的常用指标都有哪些。

8. 西邦公司是华东地区的一家热水器制造企业。产品在国内的年销售量达到90000台，由于市场特点发生了很大变化，销售物流出现了很多问题，其中比较严重的一个就是退货率居高不下，与公司3%以内的退货率目标相去甚远。一个典型的例子是在某个地区，年销售2500台左右，而退货率达到12%左右。大量退货给公司造成很大损失，公司管理层虽然高度重视，但缺乏应对的手段。请你帮助西邦公司出出主意，应该如何应对。

9. A公司是总部位于美国的一家零售企业，从最初一个小小的零售商店发展成了一家跨国公司。随着公司业务向全美各地的高速拓展，该公司在世界各主要市场都新建了一系列配送仓库。但是无论是哪一地区的仓库，公司都要求其每个月都要做一次返品作业处理分析。请问A公司这样做的原因是什么？

10. 国内某民营食品生产厂生产各种膨化食品，包括饼干、方便面和薯条等。近期来，由于规模扩大非常快，产品质量下滑非常严重，加之企业仓储物流设施方面的匮乏以及市场需求的波动，因产品保质期问题而引起的退货现象越来越严重，企业效益随之下滑，面对这种严峻的局面，有人甚至提出将快要过期的产品更换包装再次销售的想法。请问如果你是企业的决策者，面对这种情况应该怎样应对？

11. 某物流公司是一家拥有20000多平米仓库的物流企业。主要从事仓储和区域配送服务。公司市场部的王经理在国外考察时发现"专业返品处理中心"是未来逆向物流发展的趋势，业务潜力很大。所以，王经理也希望公司能开展返品处理业务，并准备和相关企业洽谈。但他并不了解返品作业处理的流程和主要步骤，请您给他介绍一下这方面的主要内容。

12. 小季是刚刚毕业的大学生，通过应聘进入了你所在的物流公司工作，成为了一名仓管员。今天是他上班的第一天，对仓库的工作还不太熟悉，作为一个老员工请你为他介绍一下在退货处理过程中，除了立即回收外，仓库还应该积极配合做好哪些工作，以进一步减少企业的损失，维护企业的形象。

五、论述题

1. 试述返品处理作业中配送中心设施规划与设计的原则。
2. 简述退货处理的相关办法。
3. 请用流程图的方式简单描述一下返品处理作业的流程。

六、案例题

1. 某企业委托A供应商承运到达广州和东莞的货品，按照合约规定，A供应商应该进行行邮方式的发运。A供应商人员将货品卸往行邮基地之后，并未对是否装载上车厢进行监督。即，A供应商与行邮人员交接货品之后即自行离去，而并未跟进行邮是否将该批货物进行装车发运。企业跟踪人员次日进行始发跟踪时，A供应商跟踪人员反馈货品已经装载上车辆，可以正常到达。但企业在收货地收货时，发现该票货物根本没有在车上，经过再次询问A供应商，对方反馈是发货日因为计划紧张（等理由）没有装载上行邮，故此装载的是第二天行邮。而且在企业跟踪的时候，行邮按照计划已经应该到达运输中途，企业已经没有任何方法更改此次运输。请说明出现这种情况对企业的影响和产生的原因。

2. Yantra 是美国马萨诸塞州吐克斯伯利镇的一家供应链执行商。该企业也使用退货政策来管理保修问题。保修问题只是 Yantra 的客户——CellStar 提供的诸多逆向物流服务中的其中之一。CellStar 是美国得克萨斯州北部卡罗顿市的一家移动电话的物流服务提供商。CellStar 提供的一项新服务——Omnigistics，是专门为移动电话退货处理设计的。据 CellStar 副总裁兼总经理克里斯·史密斯介绍，该企业的前向物流非常成熟，但是逆向物流非常薄弱，绝大多数使用电子制表软件和其他国产软件。

另外，移动电话行业还有许多问题。不同的移动电话不仅结构、样式各异，所应用的软件技术不同，而且保修政策也各不相同。严格来讲，每月都有无数个移动电话从客户端退回。这些退回的移动电话都必须经过检验和评估，以确定是否能保修、修理是否经济。特别是当客户退回在保修期内的电话时，企业又得给客户另外一部电话，新移动电话的平均销售价格为 150 美元，又是一笔昂贵的费用。CellStar 提供的 Omnigistics 服务主张为客户修好那部移动电话，而不是换部新的，这样就可以降低 30% ~40% 的成本。

由于 Omnigistics 的诞生，当客户的移动电话出现问题并且在保修期内时，他们会直接打电话到电话中心。然后，电话中心记录下这部电话的信息，并通过电子数据传输给 CellStar 一份那个客户的资料。第二天，CellStar 就会邮递给客户另外一部价格、型号相当的新电话。收到这部新电话的同时，客户会用刚刚收到的包装退回那部出现问题的电话。在最初客户给电话中心打电话时，有关这部电话的所有信息，包括产品序列号，都会被输入 Yantra 的系统。序列号也有助于 Omnigistics 确定产品是否仍然在保修期内。同时，当退回的产品在逆向物流链上流动时，也可以计算出它的劳动成本。

Omnigistics 不仅带来成本的降低和客户服务水平的提高，而且使企业获取了更多的信息。CellStar 向零售商和制造商报告修理任务的总数，可以获取许多有价值的可靠信息，这可以使企业提前采取措施。另外，CellStar 按照环保要求处理退货产品为公司的发展提供了很大的发展空间。因为 2005 年加利福尼亚州将实行一部新的法律，这部法律要求移动电话的运输商和零售商必须按照环保要求处理终端电话。

（1）你认为 CellStar 为了退货处理作业专门找第三方企业设计一个系统（Omnigistics），有这个必要吗？请说说你的理由。

（2）请谈谈你认为返品处理作业的主要流程一般有哪些以及每个步骤的具体内容是什么。

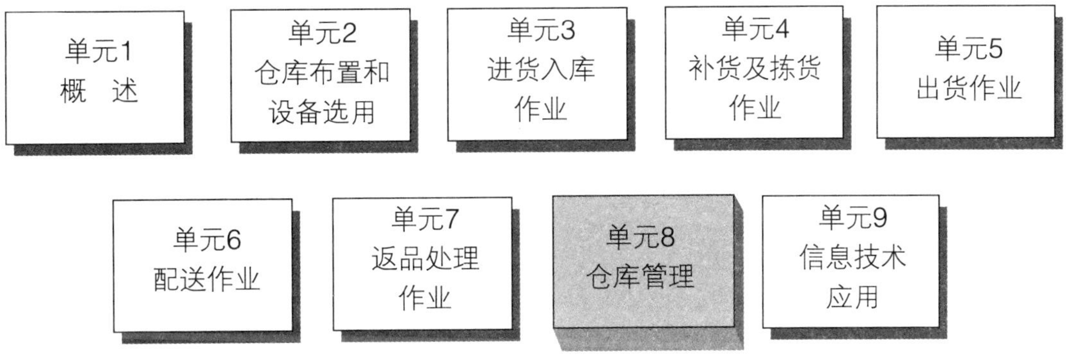

单元 8　仓库管理

本单元学习目标

通过本单元学习，你应该能够：

1. 熟练掌握表单盘点和 RF 盘点作业方法和各自特点
2. 学会盘点差异分析及盘点差异处理
3. 清楚掌握人员安全、货物安全和库房安全的相关制度
4. 掌握库房规划设计与仓库安全之间的关系

一、判断题（本类题型所包含的每道小题都只有正确或错误的一种答案，你认为正确的请在答题卡对应的题号上涂 A，错误的涂 B。）

1. 通过盘点核对信息系统信息与实物数量信息以及检查货物状态是否正常，保证库存货品质量良好、数量正确，为库存分配、补货、发货等作业提供良好的作业基础。（　　）

2. 盘点作业方法主要有两种：表单盘点和 RF 盘点。（　　）

3. 表单盘点作业的一般顺序是：盘点准备—初盘—复盘—库存统计—盘点核对—盘点确认。（　　）

4. 由仓管员先清点各自所负责区域的货品，将清点结果填入盘存单之下半部分。（　　）

5. 仓库主管核对账务信息与盘点信息是否一致，若不一致，只需进行差异统计，核查差异原因，不用修改账务信息。（　　）

6. 期末盘点指周而复始地连续盘点库存货品，每天、每周按顺序一部分一部分地进行盘点，到了月末或期末每项货品至少完成一次盘点。（　　）

7. 当盘点发现差异时，仓管员应该首先确定盘点差异是否由于盘点工作中的计数差错或记录差错造成的，然后再核对盘点时的单据。（　　）

8. 亏处理：应及时上报领导经审批后再调整账务，加强管理，保证以后账务处理的及时性。（　　）

9. 在盘点盈亏奖惩中，当差错率在 2% ~3% 时应给予仓库保管员 30 元的处罚。（　　）

10. 盘点确认后需根据盘点结果修改账面或信息系统中库存量信息，但由于差错率的原因账面或信息系统的信息与实物的信息不一定一致。（　　）

11. 人员安全管理中的安全制度规定，对暴露于已知风险环境中的情况，不需要进行长期持续的监控。（　　）

12. 重量较重、体积较大的无毒无公害货物，对物流员工的危害较小。（　　）

13. 储存有保质期的产品应按规定确定储存时间，实行先进库后出库的原则。（　　）

14. 在仓库内不准使用 80 瓦以上的灯泡。（　　）

15. 库存管理的核心问题是成本核算。(　　)

16. 在库存管理中，在补货情况下不可能发生订货费。(　　)

17. 在库存分类管理中，ABC 分类法比 CVA 管理法有更强的目的性，要对库存进行有效的管理与控制，大多数采用 ABC 分类法。(　　)

18. 自提进货就是在用户的仓库交货，其后的进货过程由采购者负责管理。(　　)

19. 除了考虑选择进货方式、安全第一、成本效益统一的原则外，进货管理还应考虑及时送达。(　　)

20. 在 VMI 方式下，用户的库存所有权属于用户下游的客户。(　　)

21. 验收入库是进货环节的结束和保管环节的开始，存在运输工作和仓库保管工作之间的交接和责任划分问题。(　　)

22. 生产季节性商品的企业，为了协调旺季和淡季需求的不均匀性，通常采用在淡季生产储备一定数量的商品以调节旺季的巨大需求，这种储备克服了场所间隔。(　　)

23. 物流系统设计应以库存战略为中心。(　　)

24. 为了避免账、物不符的情况，对库存货品进行定期、不定期盘点或清查。需进行存储作业。(　　)

25. 对盘点中发现的问题要进行分析，进而查明账、物差异的原因，并调整物品数量使得账物相符，最终获得准确的库存信息。(　　)

26. 在盘点作业中，表单盘点是比较传统的方法，盘点的依据是盘存单。RF 盘点是相对先进的方法，盘点依据是终端显示的货品信息。(　　)

27. 对进出频率高、易损耗的或昂贵的货品所用的盘点方法是全面盘点。(　　)

28. 通过检查盘点记录，能够确定是否有不遵循盘点工作的步骤、漏盘、复盘等情况的发生。(　　)

29. 由于人为盘点操作不规范导致的盘点差异，可通过完善账务制度来解决。(　　)

30. 盘点差错超过一定范围应给予仓管员一定的罚款。(　　)

31. 库房存储有保质期的产品，每隔一季度应对该产品状况实施 2 次检查，以及时发现变质情况。(　　)

32. 在库房安全管理中库房管理的原则是让货物安全的存储。(　　)

33. 温、湿度管理是仓储物资管理的重要工作，是保证物资质量完好的重要措施。因此，在仓库设计时应充分考虑水文条件对仓储物资的影响。(　　)

34. 为满足防火要求，进入库区的道路不宜少于两条，以便火灾发生时的安全疏散和尽快扑灭。(　　)

35. 影响仓库选址的成本因素是扩展机会。(　　)

36. 仓储保管员的权利不包括检查权。(　　)

37. 盘点的周期因盘点方法不同而不同，对于定期盘点，一般一年 1 ~ 4 次。(　　)

38. 在梅雨季节或阴雨天，仓库温湿度的控制方法是通风。(　　)

39. 对有加工、整理、拼装、换装和改装、分装业务的仓库，应采用实物复核。(　　)

40. 对于关系到人身财产安全的产品，应当标明相应的认证标志。(　　)

41. 仓库收发货差错率一般应控制在 0.7% 以下。(　　)

42. 仓储安全管理的重要措施是保证仓储安全生产的资金投入。(　　)

43. 施工中的电弧属于仓库中的明火。(　　)

44. “盘点管理”功能一般设计在仓储管理系统的入库管理功能模块中。(　　)

45. 仓储系统的主要构成要素包括储存空间、货品、人员及设备等要素。(　　)

46. 搬运是仓库的核心功能和关键环节。(　　)

47. 储存空间的有效利用是仓库改善的重要课题。(　　)

48. 潜在利用空间指储存空间中没有充分利用的空间，一般仓库至少有 10% ~ 30% 的潜在利用空间可加以利用。(　　)

49. 储存场所的空间布局也称为仓库内部竖向布局，指货品在仓库垂直方向（高度）上的布置，其目的是在于充分有效地利用仓库空间。(　　)

50. 储存策略是指货品在储存区域保管的方法或原则。(　　)

51. 分类储存策略是指将所有货品按照一定特性加以分类，每一类货品都有固定存放的位置，而同属一类的不同货品又按一定的原则来指派货位。(　　)

52. 按照货品在仓库的周转率（销售量除以存货量）来安排货位时，周转率越小的货品应离出入口越近。(　　)

53. 货位编码方式必须按照保管货品的存储量、流动率、保管空间布置以及所使用的保管设备而作出选择。(　　)

54. 仓储绩效评价指标体系是反映仓库生产成果及仓库经营状况的各项指标的总和。(　　)

55. 呆废货品率是考核仓库货品库存量是否适当和经营绩效的重要指标。(　　)

56. 订单延迟率是分析仓库快速订单处理能力及紧急插单业务的需求情况的指标。(　　)

57. 库存需求量的确定需要在需求识别和需求预测的基础上进行。(　　)

58. ABC 分类法又称重点管理法或 ABC 分析法。它是根据巴雷特曲线所揭示的“关键的少数和次要的多数”的规律在管理中加以应用的。(　　)

59. 订购成本和库存持有成本随着订购次数或订购规模的变化而呈反方向变化。(　　)

60. 实行准时制的企业其生产过程是十分平稳的。(　　)

二、单选题（本类题型所包括的每道小题只有一个正确答案，请在给出的选项中选出正确答案。）

1. 为了避免账、物不符的情况，要对库存货品进行定期或不定期的盘点或清查。这种作业是（　　）。

A. 进库作业　　B. 出库作业　　C. 盘点作业　　D. 存储作业

2. 对盘点中发现的问题要进行分析，进而查明账、物差异的原因，使得账物相符，最终获得准确的库存信息，需要调整的是（　　）。

A. 账面数量　　B. 物品数量　　C. 账面信息　　D. 物品信息

3. 在盘点作业中，盘点依据是盘存单和盘点依据是终端显示的货品信息，它们对应的盘点作业分别是（　　）。

A. 表单盘点、表单盘点　　B. 表单盘点、RF 盘点

C. RF 盘点、表单盘点　　D. RF 盘点、RF 盘点

4. 对进出频率高、易损耗的或昂贵的货品所用的盘点方法是（　　）。

A. 动态盘点　　B. 循环盘点　　C. 全面盘点　　D. 重点盘点

5. 确定其是否有不遵循盘点工作的步骤，或有漏盘、复盘等情况发生，所用方法是（　　）。

A. 复核库存账目　　B. 检查盘点记录

C. 询问盘点人员　　D. 检查计量用具

6. 由于人为盘点操作不规范导致的盘点差异，可通过（　　）途径解决。

A. 再次复盘解决　　B. 完善账务制度　　C. 盈处理　　D. 亏处理

7. 库区以及周围多少米内严禁燃放烟花爆竹（　　）。

A. 20　　B. 30　　C. 50　　D. 100

8. 单位时间事故伤亡相对产品产量的比例，反映创造一定量的产品（如钢铁、石油、矿石、煤炭、设备等）所付出的无益伤亡代价水平是（　　）评价指标。

A. 百万产值伤亡率　　B. 单位产量伤亡率

C. 工日损失严重度　　D. 人均安全成本

9. 库房存储有保质期的产品，为及时发现变质情况，每隔一季度应对该产品状况检查（　　）。

A. 1 次　　B. 2 次　　C. 3 次　　D. 4 次

10. 在库房安全管理中库房管理的原则是（　　）。

A. 让货物最大限度的存储　　B. 让货物安全的存储

C. 让货物快速的流转　　D. 使库房得到最大限度的利用率

11. 温、湿度管理是仓储物资管理的重要工作，是保证物资质量完好的重要措施。因此，在仓库设计时应充分考虑（　　）。

A. 地质条件　　B. 气候条件　　C. 水文条件　　D. 地形条件

12. 为满足防火要求，进入库区的道路不宜少于（　　）。

A. 一条　　B. 两条　　C. 三条　　D. 四条

13. 影响仓库选址的成本因素是（　　）。

A. 社区环境　　B. 政治稳定性　　C. 扩展机会　　D. 原材料供应

14. 仓储保管员的权利不包括（　　）。

A. 拒收权　　B. 要求提货权　　C. 提存权　　D. 检查权

15. 盘点的周期视盘点方法不同而不同，对于定期盘点，一般一年（　　）次。

A. 1 ~ 2　　B. 1 ~ 4　　C. 1 ~ 6　　D. 1 ~ 12

16. 在梅雨季节或阴雨天，采用的仓库温湿度的控制方法是（　　）。

A. 密封　　B. 通风　　C. 吸潮　　D. 烘干

17. 对有加工、整理、拼装、换装和改装、分装业务的仓库，应采用（　　）。

A. 单证复核　　B. 相互复核　　C. 实物复核　　D. 环环复核

18. 对于关系到人身财产安全的产品，应当标明相应的（　　）。

A. 认证标志　　B. 名优标志　　C. 强制认证标志　　D. 商品条码

19. 仓库收发货差错率一般应控制在（　　）。

A. 0.1% 以下　　B. 0.3% 以下　　C. 0.5% 以下　　D. 0.7% 以下

20. 仓储安全管理的重要措施是（　　）。

A. 建立、健全安全生产责任制和各项安全保卫制度

B. 保证仓储安全生产的投入

C. 加强对有关安全生产的法律法规和安全知识的宣传

D. 提高警惕，严防不法分子破坏

21. 下列哪种着火源属于仓库中的明火（　　）。

A. 施工中的电弧　　B. 雷电波　　C. 静电　　D. 电气超负荷

22. 库房内的灯泡不应当超过（　　）。

A. 25W　　B. 40W　　C. 60W　　D. 100W

23. “盘点管理”功能一般设计在仓储管理系统的（　　）。

A. 入库管理　　B. 库存管理　　C. 出库管理　　D. 返品管理

24. 库存管理的核心问题是（　　）。

A. 成本核算　　B. 库存时期　　C. 采购管理　　D. 库存控制

25. 在库存管理中，在补货情况下不可能发生（　　）。

A. 订货费　　B. 进货费　　C. 购买费　　D. 缺货费

26. 自提进货的交货地点是（　　）。

A. 供应商的仓库　　B. 用户的仓库

C. 运输工具　　D. 供应商的生产线

27. 除了考虑选择进货方式、安全第一、成本效益统一的原则外，进货管理还应考虑（　　）。

A. 及时送达　　B. 总成本最低

C. 数量准确　　D. 供应商的稳定性

28. 在 VMI 方式下，用户的库存的所有权属于（　　）。

A. 用户　　B. 供应商

C. 关联第三方　　D. 用户下游的客户

29. 不属于发货出库步骤的是（　　）。

A. 核对出库凭证　　B. 配货出库　　C. 堆码　　D. 记账清点

30. 生产季节性商品的企业，为了协调旺季和淡季需求的不均匀性，通常采用在淡季生产储备一定数量的商品以调节旺季的巨大需求，这种储备克服了（　　）。

A. 所有权间隔　　B. 场所间隔　　C. 时间间隔　　D. 使用权间隔

31. 不属于仓库的主要作业的是货品的（　　）。

A. 入库作业　　B. 在库管理　　C. 包装作业　　D. 出库作业

32. 货位管理就是指货品进入仓库之后，对货品如何处理、如何放置、放置在何处等进行合理有效的（　　）。

A. 计划和管理　　B. 养护和管理　　C. 规划和管理　　D. 筹划和管理

33. 决定货品的处理和放置以及货品具体的存放位置的是（　　）。

A. 储存策略，货位分配　　B. 货位分配，储存策略

C. 储存策略，先进先出　　D. 货位管理，先进先出

34. 每一储存货品都有固定货位，货品不能互用货位，而且在规划时，每一项货品的货位容量不得小于其可能的最大在库量。这种储存方式叫（　　）。

A. 随机储存　　B. 定位储存　　C. 分类储存　　D. 共同储存

35. 每一类货品有固定存放位置，但在各类储区内，每个货位的指派是随机的。这种方式叫（　　）。

A. 随机储存　　B. 分类储存　　C. 定位储存　　D. 分类随机储存

36. 靠近出口原则就是将刚到达的货品分配到离出入口最近的空货位上。这是（　　）。

A. 随机分类储存、共同储存　　B. 随机储存、共同储存

C. 随机储存、定位储存　　D. 随机分类储存、定位储存

37. 利用绩效考核指标体系的统计数据对指标因素的变动趋势、原因等进行分析是一种比较传统的分析方法，这种方法叫（　　）。

A. 程序分析　　B. 指标分析　　C. 成本分析　　D. 其他分析

38. 用来分析影响指标变化的各个因素以及它们对指标各自的影响程序的分析法叫（　　）。

A. 因果分析法　　B. 因素分析法　　C. 工序图分析法　　D. 平衡分析法

39. 进行库存量控制的标准是从供应到销售的整个过程中（　　）。

A. 订货费最低　　B. 供应成本最低　　C. 库存费用最低　　D. 总成本最低

40. 某公司年度销售目标（计划）为6亿元，预计年度周转率为15次，由于市场需求量下降，一季度实现销售额每月平均4000万元，预计4月份销售额为4200万元，那么该公司4月初库存额应调整为（　　）万元。

A. 3880　　B. 4200　　C. 4000　　D. 4100

三、多选题（本题型所包含的每道小题都有不止一个正确答案，请选出你认为正确的答案，错选和多选者本小题不得分，少选但选项正确的可得到相应的分数。）

1. 盘点作业用到的设备包括（　　）。

A. 测量工具　　B. 核对工具　　C. 运输工具

D. 搬运工具　　E. 存储工具

2. 在表单盘点作业流程中，盘点准备应包括（　　）。

A. 确定盘点程序　　B. 安排盘点人员　　C. 确定盘点方法

D. 盘存单打印准备　　E. 仓库清理

3. 一般在盘点作业中的初盘步骤中仓管员会将清点结果填入盘存单，其内容包括（　　）。

A. 日期　　B. 盘存单号码　　C. 品项号码

D. 存放位置　　E. 数量

4. 在盘点作业中的 RF 盘点法的主要步骤是（　　）。

A. 盘点准备　　B. RF 扫描储位　　C. 货品扫描

D. 数量输入　　E. 数据核对

5. 以下（　　）属于仓库管理技能中的盘点方法。

A. 临时盘点　　B. 缺料盘点　　C. 动态盘点

D. 循环盘点　　E. 重点盘点

6. 当出现盘点差异时，仓管员可按照以下程序追查差异产生的原因（　　）。

A. 检查盘点记录　　B. 检查计量用具　　C. 询问盘点人员

D. 复核库存账目　　E. 确定差错原因

7. 在仓库盘点作业中，当分析完差错原因之后一般的盘点差异处理方法是（　　）。

A. 由于人为盘点操作不规范导致的盘点差异，可通过再次复盘解决

B. 由于账务制度造成的盘点差异，由主管部门调整和完善账务制度

C. 盈处理：应及时上报领导经审批后再调整账务，加强管理，保证以后账务处理的正确性

D. 亏处理：如果是发错货，公司应予以相关责任人适当处罚，并同时安排人员查找收货单位尽快追回货品；如果是因管理不善而丢失货品，则公司应及时处理，以赔偿等方式来解

决问题

E. 分析盘点差异产生的原因并制定对策，请上级主管部门就盘点差异的处理方法进行批示

8. 在盘点作业中盘点盈亏奖惩的正确的方式是（　　）。

A. 盘点差错率在规定范围内，给予仓管员一定奖励，如30元

B. 所有盘点无任何误差，给予仓管员更多奖励，如50元

C. 盘点差错超过范围给予仓管员一定罚款，如盘点差错率在3%以上者罚款50元；差错率在2%～3%者，罚款40元；差错率在1%～2%者，罚款30元；差错率在0.5%～1%者，罚款20元

D. 盘点盈亏奖惩需要做到公平、公正、客观

E. 盘点盈亏奖罚中的原因多种多样，有些错误不必在意

9.（　　）是评价盘点作业的常用指标。

A. 盘点数量误差　　B. 盈处理率　　C. 亏处理率

D. 盘点数量误差率　　E. 盘点品项误差率

10. 人员安全管理是在仓储安全中首先需要考虑的内容，具体包括以下（　　）方面。

A. 安全制度　　B. 人员培训　　C. 注意事项

D. 评价指标　　E. 员工职业健康管理

11. 必须依靠人工搬运才能完成的工作，雇主应对该项工作的安全性进行充分的评估，可考虑（　　）因素。

A. 薪酬　　B. 任务　　C. 负荷物

D. 工作环境　　E. 个人能力

12. 在仓库安全管理的人员安全管理中的基本安全制度是（　　）。

A. 对于安全问题严重、将要发生危险和危险的区域，制定限制进出的程序

B. 员工有责任汇报不安全的情况

C. 为了避免工作过程发生危险，相关工作人员必须穿着或佩戴相关防护设备，如面具、呼吸器等

D. 个人防护性设备必须符合相关设计标准

E. 个人防护性设备要定期维护和更新

13. 人员培训中包括（　　）方面。

A. 在必要时进行足够的健康与安全培训

B. 良好搬运技术的培训

C. 监控安全培训、交流和宣传的效果

D. 确定对培训承担具体责任的专业人员、安全代表等

E. 对可能会暴露在有害物质下的人员提供指导和培训

14. 人员安全管理的注意事项（　　）。

A. 保护易受伤害的人员——孩童、孕妇、接触有毒物质的人员

B. 个人卫生——提供相关生活福利设施，加强个人卫生情况

C. 管理个人防护设备——设备的选择和使用要合理，而且要注意设备的管理

D. 活动要注意安全——为保护自身和他人的安全，禁止嬉戏打闹等不安全行为

E. 对危险提高警惕——正确认识评估风险，并采取必要行动来降低风险

15. 人员安全管理中的基本评价指标包括（　　）。

A. 百万产值伤亡率　　B. 单位产量伤亡率　　C. 工日损失严重度

D. 人均工作时数　　E. 产品破损率

16. 职业健康和安全系列标准 OHSMS 的核心内容是（　　）。

A. 方针　　B. 计划　　C. 实施

D. 改进　　E. 审核

17. 仓储作业受到行业特点的影响，要积极加强员工职业健康管理工作，具体可以从（　　）方面着手。

A. 围绕产品质量安全第一的要求，对产品进行严格管理

B. 围绕职业健康安全要求，加强员工培训工作，提高员工安全风险意识

C. 围绕职业健康安全要求，规划仓储和配送作业

D. 预防为主，持续改进

E. 出现问题，及时处理

18. 根据国际品保 ISO 9000 的要求，货物安全管理应包含（　　）。

A. 产品储存期间，要保持包装良好，垛位标识清晰

B. 国家、地方或行业法规规定的有毒、有害、易燃、易爆等有特殊存放要求的货物，应按有关规定储存

C. 库房保管员要对保管产品定期检查，用除锈、晾晒、倒垛等办法进行保养和防护

D. 对长期保存又确实需要防锈保养的器材和设备，按有关产品设备保养需求计划进行防护

E. 对库房存放的化工类原料，要适当隔离、经常检查，防止因包装物损坏造成泄露污染，必要时需及时更换包装

19. 以下（　　）是库内货物流转主要作业阶段。

A. 收货　　B. 验货　　C. 批量存储

D. 拆分、拣货和流通加工　　E. 出库搬运

20. 库房规划与安全中的库址选择主要有（　　）内容。

A. 地质条件　　B. 水文条件　　C. 气候条件

D. 地形条件　　E. 交通运输条件

21. 在库房安全管理中（　　）与库房平面布置设计有关。

A. 物品的堆放设计　　B. 库区的布置设计　　C. 拣货线路的设计

D. 库区安全防护设计　　E. 绿化布置设计

22. 以下属于库房安全管理注意事项的是（　　）。

A. 要注意仓储区的温度、湿度，保持通风良好、干燥

B. 在库房内为方便起见仓管人员可在库内做饭

C. 仓库要注意门禁管理，不得随便入内

D. 库房内可以使用 80 瓦以上的灯泡

E. 不准使用日光灯

23. 扑救带电火灾的办法包括（　　）。

A. 水　　B. 泡沫　　C. 1211

D. 二氧化碳　　E. 干粉灭火器

24. 按物流系统性质分类，可分为（　　）等。

A. 生产物流　　B. 供应物流　　C. 销售物流

D. 仓储物流　　E. 回收物流

25. 以下属于发货步骤的是（　　）。

A. 核对出库凭证　　B. 配货出库　　C. 堆码

D. 记账清点　　E. 托运

26. 能实现“先进先出”的货架有（　　）。

A. 通过型货架　　B. 重力货架　　C. 驶入式货架

D. 多进窗框货架　　E. 垂直货架

27. 以下（　　）是自动化立体仓库必不可少的设备。

A. 起升机械　　B. 高层货架　　C. 移动货架

D. 巷道堆垛机　　E. 叉车

28. 出库及发货管理流程为接收出库申请，（　　），发货，问题处理。

A. 出库　　B. 核对出库凭证　　C. 理货

D. 拣选　　E. 包装

29. 仓储保管员的权利包括（　　）。

A. 拒收权　　B. 要求提货权　　C. 提存权

D. 检查权　　E. 使用权

30. 自动仓储系统的优点是（　　）。

A. 减少占地面积和提高库容

B. 提高仓库出入库频率

C. 提高仓库管理水平

D. 易实现先进先出，防止货物自然损坏，减少货损

E. 能适应特殊场合的需要

四、情景问答题（请简要回答下面的问题。）

1. 某杂志社以出版和销售杂志、书籍为主，兼营与教育相关的教学器材、教材、体育用品、文具、玩具等。为适应迅速发展的业务需要，该公司曾几次改进仓储进出库作业方式。书籍、教材类均属多品种、少批量，规格、形状、尺寸各异的商品。该类入库商品在4楼卸车码盘验收后暂时保管，然后打包成标准包装进入拣选作业线。杂志类属少品种、大批量，规格、形状、尺寸基本统一的商品。该类入库商品在一楼收货、验货，热缩包装集装化后装载在托盘上，暂时存储在托盘重力式货架上保管。请问该公司的商品是如何分类分区仓储的？为确保商品质量安全，对货位的选择应注意哪些问题？

2. 某仓库为某存货人存储一批皮革及其制品，请你帮助该库进行货物存储安排，并回答下列问题：

（1）该种商品在存储中会发生怎样的变化？

（2）这种商品应如何进行存储保管？

3. 万达物流公司的盘点操作员进行盘点作业时，要在“库存管理”栏“盘点计划”项中增加一条盘点记录，具体操作过程如何？

4. 某企业库存过量，它的领导却没有足够重视，如果你是这个企业的员工，并发现了这个问题，你会怎样向领导叙说它的危害？

5. 某大型食品加工企业老总抱怨道，由于其产品对温度要求的特殊性，大部分属于冷冻产品，对物流中间环节的要求特别高。而由于物流作业跟不上，导致每个星期有大量的产品腐败掉，造成巨大的经济损失。如果你为该老总提出物流改进建议，你将建议他注意哪些环节的问题？

6. 运达公司在仓库管理过程中发现了很多不合理的存储现象，想针对这些现象对仓储进行规范治理，请问不合理的储存现象有哪些？

7. 王经理是一家工程机械厂的物流经理。该厂在生产过程中严格控制库存并尽量降低库存，原材料和零配件库存量一直很低。然而近年来，国际和国内钢材等原材料价格大涨。导致该厂原材料和零配件采购成本大幅上升，遭受很大损失；另外又造成供应紧张，生产大受影响。因此，王经理想新建一个大型仓库，增加原材料的储量，请你为他简要阐述一下库址选择时应该考虑的因素有哪些？

8. 近年来物流安全事故频发，特别是一些储存危险品的仓库发生爆炸，造成严重人员伤亡的报道更是屡见不鲜，引起了社会的极大关注，请问你认为加强仓储安全管理中的人员安全制度重要吗？应该着重从哪些方面入手？

9. A 企业是一家大型国营企业，在仓储管理中进行盘点作业时，主要采用表单盘点的方式。B 企业则是一家近年来迅速崛起的民营企业，主要采用 RF 盘点的方式进行仓储货物的盘点，随着市场竞争的加剧，A 企业的近况越来越差，盘点中的人力资源成本很高，而且费时费力，无法为企业提供正确的库存数据，而 B 企业的情况则正好相反。请从这两种盘点方式的特点出发，解释一下这种现象产生的原因。

10. 光明公司是华东地区的一家电动车制造企业。产品在国内的年销售量达到 90000 台，但由于生产规模的迅速扩大，公司总部发现仓库管理中存在很多问题，其中比较严重的一个就是盘点差错率居高不下，与公司 3% 以内的目标相去甚远。给公司造成了很大损失，公司管理层虽然十分重视，但却缺乏应对的手段。请你向公司管理层简要阐述一下应该如何分析盘点差异出现的原因。

11. S公司是一家大型的第三方物流企业，主要经营仓储业务，其仓储安全管理在业内享有很高的声誉，现在有一家合作伙伴企业的领导来公司考察，假设你是仓库的主管，请你向他们简要阐述一下你认为在货物安全管理中有哪些注意事项。

12. 张经理刚刚到一家工程机械厂担任物流经理。张经理发现该厂产品在国内近年来的销售量增长很快，但同时由于生产规模的迅速扩大，公司仓库管理中存在的很多问题也暴露了出来。特别是库房安全管理方面存在着隐患，请你帮他制定一个关于库房安全管理的规章制度以及管理中的注意事项。

五、论述题

1. 试阐述ABC分类的详细内容。

2. 如何理解“生产企业和零售企业的库存是相互影响的”?

3. 为何库存管理部门要经常对现有库存进行跟踪分析?

六、案例题

1. 绝大多数的物流成本核算系统还处于初期阶段，并且严重依赖于成本分摊来决定每部分（包括产品、客户、区域、部门或岗位）的绩效。D公司所使用的分摊方法导致了错误的决策，并使公司的利润遭受损失。D公司是一个多部门的企业，主要生产和销售高利润的药物产品以及包装物。这个公司在许多地方拥有现场仓库，由员工管理。这些带有温控的仓库是为了药品设计的，要求的安全和管理技术超过包装物产品的储存要求。为了充分利用这些仓库设备，公司鼓励非药品部门将他们的产品储存在这些仓库里。运营这些仓库的费用对这些部门是固定的，但如果产量增加就需要增加额外的工作人员或加班。这个公司的政策是把成本按照在仓库中的占地面积来分摊的，药品仓储的要求使这个费用相对很高。此外，公司各个部门是在分散的利润中心的基础上管理的。一个经营相对笨重、价值较低的消费品的部门副总裁认识到，类似的服务能够以更便宜的价格在公共仓储服务中获得。他将本地区的产品从公司的仓库中撤出，开始采用公共仓库来储存产品。尽管公司配送中心仓库处理和储存的货物量大大减少了，但节约的成本却很少，这是因为这些设施的固定成本比例太高了，几乎同样的成本额被分摊到了更少的使用者头上，使得其他部门也开始使用公共仓库来降低成本。结果，整个公司的仓储成本不是减少了，而是增高了。

公司的仓储成本是固定的，所以无论仓库是空的还是满的，都不能大幅度改变成本。当非药物产品转移到公共仓库去时，公司为其建设的仓库设施依旧要承受几乎一样的成本总额，而且还额外增加了公共仓库的成本。实际上，这个成本系统促使部门物流经理的行为以本部门利润的最大化为原则，而不是以整个公司利润的最大化为原则。因而，整个公司成本增加了，利润减少了。

请分析并回答下列问题：

（1）为什么该公司整体成本增加了，利润减少了？

（2）从这个案例中你认为降低仓储成本的途径有哪些？

2. 黄岛油库区始建于1973年，胜利油田开采出的原油经东（营）黄（岛）长管输线输送到黄岛油库后，由青岛港务局油码头装船运往各地。黄岛油库是我国三大海港输油专用码头之一。1989年8月12日9时55分，2.3万立方米原油储量的5号混凝土油罐突然爆炸起火。由于当时风力较强，几百米高的火焰向东南方向倾斜。下午3时左右，喷溅的油火点燃了位于东南方向相距5号油罐37米处的4号油罐顶部的泄漏油气层，引起爆炸。炸飞的4号罐顶混凝土碎块将相邻的其他金属油罐顶部震裂，造成油气外漏。引起一系列的爆炸，火势越来越大，大火殃及青岛化工进出口黄岛分公司、航务二公司四处、黄岛商检局、管道局仓库和建港指挥部仓库等单位。18时左右，部分外溢原油沿着地面管沟，低洼路面流入胶州湾。大约600吨油水在胶州湾海面形成几条十几海里长，几百米宽的污染带，造成胶州湾有史以来最严重的海洋污染。

青岛市全力投入灭火战斗，党政军民一万余人全力以赴抢险救灾，山东省各地市，胜利油田，齐鲁石化公司的公安消防部门，青岛市公安消防支队及部分企业消防队，共出动消防干警1000多人，消防车147辆。黄岛区组织了几千人的抢救突击队，出动各种船只10艘。在国务院的统一组织下，全国各地紧急调运了153吨泡沫灭火液及干粉。北海舰队也派出消防救生船和水上飞机，直升飞机参与灭火，抢运伤员。经过5天5夜浴血奋战，13日11时火势得到控制，14日19时大火扑灭，16日18时油区内的残火，地沟暗火全部熄灭。

大火前后共燃烧104小时，烧掉原油4万多立方米，占地250亩的老罐区和生产区的设施全部烧毁，这起事故造成直接经济损失3540万元。在灭火抢险中，10辆消防车被烧毁，19人牺牲，100多人受伤。其中公安消防人员牺牲14人，负伤85人。

黄岛油库特大火灾事故的直接原因，是由于非金属油罐本身存在的缺陷，遭受对地雷击产生感应火花而引爆油气。根据当时的气象情况和有关人员的证词（当时，青岛地区为雷雨天气），经过深入调查和科学论证，事故原因的焦点集中在雷击的形式上。经过综合分析，事故原因极大可能是由于该库区遭受对地雷击产生感应火花而引爆油气。

（1）请你谈谈仓库安全管理的重要性。

（2）你认为应该从哪些方面加强仓库安全管理?

（3）如果你是黄岛油库的一名高级管理人员，请你试着帮忙制定一套新的库房安全管理的规章制度。

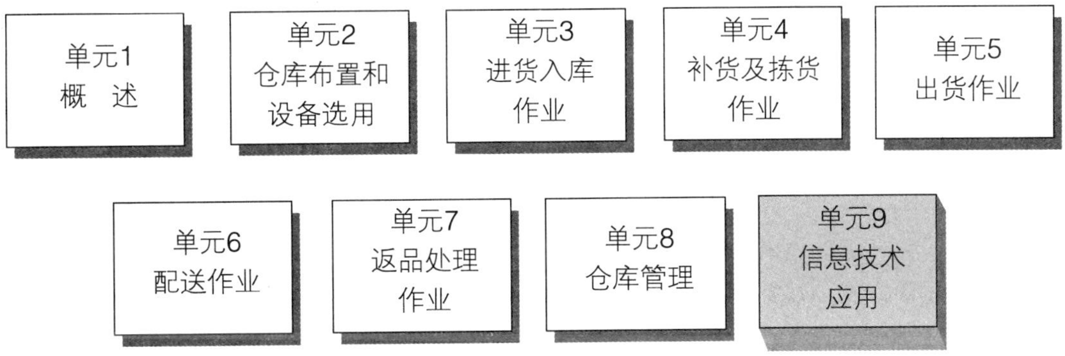

单元 9　信息技术应用

本单元学习目标

通过本单元学习，你应该能够：

1. 了解仓储管理系统的功能模块
2. 了解仓储管理系统的操作步骤
3. 掌握运输管理系统的特点
4. 了解 RFID 系统的具体操作步骤

一、判断题（本类题型所包含的每道小题都只有正确或错误的一种答案，你认为正确的请在答题卡对应的题号上涂A，错误的涂B。）

1. 物流信息系统中的入库管理模块包括以下基本功能：采购单处理—入库验收—入库上架—入库明细查询—入库差错查询。（　　）

2. 存货管理模块可以指导仓库作业人员完成移库、补货等库内作业。（　　）

3. RFID技术通过无线信号自动识别目标对象并获取相关数据，无须人工干预，可识别高速运动物体，可同时识别多个标签，操作快捷方便，可工作于各种恶劣环境。（　　）

4. 贴在单个商品、包装箱或托盘上的RFID标签，可以提供产品流和信息流的单向通信，并通过互联网传输从标签上采集到的数据。（　　）

5. 拣货人员只要根据电子标签点亮的灯号指示至指定储位，按标签面板上的数量显示，从货架上拿取相同数量的商品属于播种式拣货。（　　）

6. 条码是由一组不规则排列的条、空及字符组成的、用以表示一定信息的代码。（　　）

7. 通用商品条码EAN－13代码由13位数字组成，这些数字分别代表前缀码、厂商识别代码、商品项目代码和校验码。校验码是用来表示各编码组织所在国家地区的代码。（　　）

8. 商品条码EAN－13的校验码由2位数字组成，用以校验条码的正误。（　　）

9. “盘点管理”功能一般设计在仓储管理系统的入库管理功能模块中。（　　）

10. 射频识别技术具有写入信息和更新内存的能力。（　　）

11. RFID系统一般都由信号发射机、信号接收机、发射接收天线几部分组成。（　　）

12. 条码识读器通常由光源、接收装置、发射装置、译码电路和计算机接口组成。（　　）

13. 中国自动识别技术协会目前表示，频段未划分、价格高和产业基础薄弱，这三大因素制约着RFID大规模应用。（　　）

14. 采用条码技术误码率为百万分之一。（　　）

15. 仓储物流信息服务于仓储企业内部管理和决策，与企业所处的环境无关。（　　）

16. 物流信息的分类、研究和筛选等工作的难度比较大，这是由于物流信息具有较高的

时效性特点决定的。(　　)

17. 物流信息的动态性是指物流信息在前端小幅度的波动会在后面产生很大幅度的波动。(　　)

18. 物流信息系统的可得性可以这样理解，当企业希望获得物流活动的重要数据时，应该很容易从计算机系统中获取所需数据。(　　)

19. 物流信息系统的精确性可以解释为物流系统报告与实物技术或实际状况相吻合的程度。(　　)

20. 当实际数据与物流信息系统报告存在误差时，就要通过缓冲存货或安全存货的方式来适应这种不确定性。(　　)

21. 物流信息系统的先进性是指物流信息系统具有开放的数据接口，以便于向企业 ERP 系统、财务系统等提供数据，使企业的系统更加完整化、一体化。(　　)

22. 信息标准的多样化，促进了信息资源的充分共享。(　　)

23. 信息标准的多样化，已经成为制约我国物流发展和影响物流效率提高的关键瓶颈之一。(　　)

24. 控制及作业信息是指在物流活动过程中发生的信息，带有很强的动态性，是掌握物流现实活动状况不可少的信息。(　　)

25. 物流信息可以反映货物流动的各种状态，但不能控制物流的时间、方向、大小和发展进程。(　　)

26. 由于射频技术成本较低，有完善的标准体系，已在全球散播，所以已经被普遍接受，而条码技术只被局限在有限的市场份额之内。(　　)

27. RFID 标签更可往小型化与多样形态发展，以应用于不同产品。(　　)

28. 制约 RFID 发展的最大障碍是技术标准，协议标准的过多过滥，导致术语不统一，限制了标准在实践中的完善。(　　)

29. GIS 的基本功能是将表格型数据转换为地理文字显示，然后对显示结果浏览、操作和分析。(　　)

30. 物流信息（Logistics Information）是反映物流各种活动内容的知识、资料、图像、数据、文件的总称。(　　)

31. 物流信息包含的内容从狭义方面来考察是指企业与流通活动有关的信息。(　　)

32. 物流信息的分类、研究和筛选等工作的难度比较大，这是由于物流信息的信息量大、

分布广、种类多这些特点决定的。(　　)

33. 将物流信息分成原始信息和加工信息两大类是按信息的作用不同来划分的。(　　)

34. EAN－13 码的编码必须遵循标准性、唯一性、简明性原则。(　　)

35. 条码阅读设备的分辨率是指在正确扫描时，检测读入的最宽条符的宽度。(　　)

36. EDI 是标准格式和结构化电子数据的交换。(　　)

37. GIS 数据库中不仅包含丰富的物流信息，还包含与此有关的其他信息，如人口分布、环境污染、区域经济情况、交通情况等。(　　)

38. GIS 是一门综合性的技术，也是一种对图像数据进行采集、存储、更新、分析、输出等处理的工具。(　　)

39. GPS 用户并不需要给卫星发射任何信号，卫星也不必理会 GPS 用户的存在，故系统中用户数量没有限制。(　　)

40. 构成 EDI 系统的三个要素中，最关键的部分是数据标准。(　　)

41. 物流信息就是物流活动的内容、形式、过程及发展变化的反映。(　　)

42. 物流信息包含的内容从狭义方面来考察是指企业与整个供应链活动有关的信息。(　　)

43. 物流信息系统的精确性可以解释为物流系统报告与实物技术或实际状况相吻合的程度。(　　)

44. 当实际数据与物流信息系统报告存在误差时，就要通过缓冲存货或安全存货的方式来适应这种不确定性。(　　)

45. 物流信息系统中物流报告的表现形式应不同于传统报告，这有利于企业保管及管理人员创新。(　　)

46. 物流信息标准化可以促进物流活动的社会化、现代化和合理化，在实践中做到“货畅其流”。(　　)

47. 按信息产生的领域和作用的领域来分类，物流信息分为物流活动所产生的物流信息和提供物流使用的其他信息源所产生的信息两类。(　　)

48. 如何确保交易的准确、安全和可靠，已成为开放性 EDI 系统的关键问题。(　　)

49. 人是地理信息系统中重要的构成要素，一个完整的地理信息系统需要人进行组织、管理、维护。(　　)

50. 条码技术对于配送应用的意义在于配送与信息流的结合。(　　)

51. 按物流系统性质分类，可分为生产物流、供应物流、销售物流和回收物流等。(　　)

52. 互联网时代物流呈现出的特点是：各种设施在生产空间合理布置，合理控制库存，均衡生产，合理配置和使用物流机械，健全物流信息系统。(　　)

53. 地理信息系统的简称是 GPS。(　　)

54. 用于采集、模拟、处理、检索、分析和表达地理空间数据的计算机信息系统是 GPS 。(　　)

55. 主要用于单个大件商品的包装箱的条码码制是 UCC/EAN－128 码。(　　)

56. 将物流企业业务文件按一个公认的标准从一台计算机传输到另一台计算机上去的电子传输方式为 EOS 系统。(　　)

57. 仓储信息系统具备四个基本特征：集合性 、相关性 、目的性 、适应性。(　　)

58. JIT 是中国采用的商品条码。(　　)

59. 物流系统设计应以库存战略为中心。(　　)

60. 当前，条码技术比射频技术应用广泛是因为条码的价格更低。(　　)

二、单选题（本类题型所包括的每道小题只有一个正确答案，请在给出的选项中选出正确答案。）

1. 仓储管埋和仓储作业管理统称为（　　）。

A. 存储经营系统　　B. 仓储管理系统　　C. 存储作业系统　　D. 存储运作系统

2. WMS 与一般的进销存软件或 ERP 软件最大的区别在于（　　）。

A. 仓库作业结果的记录　　B. 仓库作业结果的核对

C. 仓库作业过程的指导　　D. 仓库作业结果的管理

3. 以下不是物流信息系统的系统管理模块子功能的是（　　）。

A. 数据导出　　B. 数据备份　　C. 权限设置　　D. 参数设置

4. 在物流管理信息系统中 WMS 运行的基础是（　　）。

A. 出货管理模块　　B. 返品管理模块　　C. 系统管理模块　　D. 基本资料模块

5. 随着商品的种类越来越多，仓储作业中最繁重、最易出差错的工作是（　　）。

A. 返品处理作业　　B. 拣选作业

C. 仓库布置和设备选用　　D. 配送作业

6. 在一次仓库操作作业过程中，门式读写器会对物品上的 RFID 电子标签信息读取（　　）。

A. 一次　　B. 两次　　C. 三次　　D. 四次

7. 物流信息的分类、研究和筛选等工作的难度比较大，这些都属于由于物流信息的特点是（　　）。

A. 阶梯式传递　　B. 信息量大、分布广、种类多

C. 具有较高的时效性　　D. 具有“牛鞭效应”

8. 将物流信息分成原始信息和加工信息的依据是（　　）。

A. 信息领域　　B. 信息的作用不同

C. 活动的领域　　D. 信息加工的程度不同

9. 物流信息可以帮助仓储企业对物流活动的各个环节进行有效的计划、协调与控制，以达到系统（　　）。

A. 整体优化　　B. 费用最低　　C. 成本最少　　D. 服务水平最高

10. 下述各种软件中对仓储作业具有指导性和规范性功能的是（　　）。

A. CAS　　B. RFID　　C. WMS　　D. ERP

11. 利用信息技术，将各种物流活动与某个一体化过程连接在一起的通道的“流”是（　　）。

A. 物流　　B. 商流　　C. 资金流　　D. 信息流

12. 表示仓储管理信息系统的英文缩写是（　　）。

A. WMS　　B. TMS　　C. MRP　　D. ERP

13. 当前，条码技术比射频技术应用广泛是因为条码的（　　）。

A. 输入速度更快　　B. 准确性更高　　C. 采集信息量更大　　D. 价格更低

14. 关于条码识读技术和射频识读技术（RFID），下列说法正确的是（　　）。

A. 他们一次都只能识读一个标签

B. 他们一次都能同时识读数个标签

C. 条码阅读器一次只能识读一个条码标签，RFID 辨识器可同时识读数个 RFID 标签

D. 条码阅读器可同时识读数个条码标签，RFID 辨识器一次只能识读一个 RFID 标签

15. 以下对 RFID 技术特点描述不正确的是（　　）。

A. 自动识别目标对象并获取相关数据　　B. 必须靠激光来读取信息

C. 可以识别单个非常具体的物体　　D. 可以同时对多个物体进行识读

16. 仓储管理的内容的最基础的部分，也是所有 WMS 最具有共性的部分的是（　　）。

A. 仓储系统的布局设计　　B. 库存最优控制

C. 仓储作业的操作　　D. 仓储管理计划

17. 物流信息系统是（　　）。

A. 节约物流成本的保证　　B. 企业获得高额利润的保证

C. 提高物流服务质量的保证　　D. 降低劳动强度的保证

18. 当企业希望获得物流活动的重要数据时，应该很容易从计算机系统中获取所需数据，这体现了物流信息系统的（　　）。

A. 精确性　　B. 可得性　　C. 及时性　　D. 可扩展性

19. 仓储管理的内容的最基础的部分是（　　）。

A. 仓储系统的布局设计　　B. 库存最优控制

C. 仓储作业的操作　　D. 仓储管理计划

20. 条码识读器通常由光源、接收装置、译码电路、计算机接口和（　　）组成。

A. 发射装置　　B. 数据库　　C. 光电转换部件　　D. 天线

21. 下列不属于 WMS 基本模块的是（　　）。

A. 基本资料管理　　B. 入库作业管理　　C. 返品作业管理　　D. 仓储人员管理

22. 采用条码技术误码率为（　　）。

A. 三百分之一　　B. 万分之一

C. 百万分之一　　D. 低于百万分之一

23. 物流信息包含的内容从狭义方面来考察是指（　　）。

A. 企业与物流活动有关的信息　　B. 企业与流通活动有关的信息

C. 企业与整个供应链活动有关的信息　　D. 企业与经营管理活动有关的信息

24. 物流信息的分类、研究和筛选等工作的难度比较大，体现了物流信息特征的（　　）。

A. 阶梯式传递　　B. 信息量大、分布广、种类多

C. 具有较高的时效性　　D. 具有“牛鞭效应”

25. 将物流信息分成原始信息和加工信息两大类的依据是（　　）。

A. 信息领域　　B. 信息的作用不同

C. 活动的领域　　D. 信息加工的程度不同

26. EAN－13 码的编码必须遵循（　　）。

A. 标准性、唯一性、简明性　　B. 通用性、可扩展性、永久性

C. 唯一性、永久性、无含义　　D. 唯一性、不变性、标准性

27. 条码阅读设备的分辨率是指在正确扫描时，检测读入的（　　）。

A. 最窄条符的宽度　　B. 有效工作范围

C. 条码信息物理长度值　　D. 标签数与扫描标签总数的比值

28. EDI 是标准格式和结构化（　　）。

A. 物流数据交换　　B. 文本数据交换　　C. 军事数据交换　　D. 电子数据交换

29. EDI 具有一系列功能如文件跟踪、确认、防篡改、防冒领、电子签名交换、（　　）。

A. 跟踪确认　　B. 安全保密　　C. 防篡改、防冒领　　D. 电子签名

30. GIS 数据库中包括人口分布、环境污染、区域经济情况、交通情况等，除此之外，还包括（　　）。

A. 时间信息　　B. 物流信息　　C. 地理信息　　D. 经济信息

31. GIS 进行采集、存储、更新、分析、输出处理的是（　　）。

A. 时间数据　　B. 物流数据　　C. 图像数据　　D. 空间数据

32. GPS 用户并不需要给卫星发射任何信号，卫星也不必理会 GPS 用户的存在，故系统中用户数量（　　）。

A. 受到限制　　B. 没有限制

C. 在某些领域受到限制　　D. 仅在物流领域不受限制

33. 构成 EDI 系统的三个要素中，最关键的部分是（　　）。

A. EDI 软件和硬件　　B. 数据标准　　C. 通信网络　　D. 计算机系统

34. 地理信息系统的简称是（　　）。

A. GIS　　B. GPS　　C. POS　　D. EDI

35. 用于采集、模拟、处理、检索、分析和表达地理空间数据的计算机信息系统是（　　）。

A. GIS　　B. GPS　　C. POS　　D. EDI

36. 主要用于单个大件商品的包装箱的条码码制是（　　）。

A. EAN－13 码　　B. ITF－14 码　　C. UCC/EAN－128 码　　D. UPC 码

37. 将物流企业业务文件按一个公认的标准从一台计算机传输到另一台计算机上去的电子传输方式为（　　）。

A. EDI 技术　　B. EOS 系统　　C. GPS 系统　　D. GIS 系统

38. 仓储信息系统具备四个基本特征：集合性、相关性、目的性和（　　）。

A. 统一性　　B. 规范性　　C. 复杂性　　D. 适应性

39. 中国采用的商品条码是（　　）。

A. EAN　　B. EDI　　C. MRP　　D. JIT

40. 物流系统设计以（　　）。

A. 库存战略为中心　　B. 运输战略为中心

C. 设施分布为中心　　D. 顾客服务水平为中心

三、多选题（本题型所包含的每道小题都有不止一个正确答案，请选出你认为正确的答案，错选和多选者本小题不得分，少选但选项正确的可得到相应的分数。）

1. 一个好的仓储管理系统，在为仓储企业实现信息化管理的同时，还应具备（　　）。

A. 报告产品动态信息　　B. 制订生产计划　　C. 对客户隐瞒行业机密

D. 调整市场策略　　E. 紧密联系客户

2. WMS 是一个独立的管理系统，但好的 WMS 还能够与其他企业管理信息系统实现无缝连接，其中包括（　　）。

A. ERP　　B. MRP　　C. RF

D. GPS　　E. CAPS

3. 仓储管理系统基本模块包括（　　）。

A. 基本资料管理　　B. 入库作业管理　　C. 出库作业管理

D. 库存管理　　E. 返品作业管理

4. 下列是物流信息系统中的数据通讯模块的子功能的是（　　）。

A. ERP 数据接收　　B. 通信记录　　C. RF 查询

D. 数据导出　　E. 数据导入

5. RFID 是一种突破性的技术，它与之前出现的条码技术相比优势体现在于（　　）。

A. 识别单个具体物体　　B. 识别一类物体

C. 通过无线电射频技术读取信息　　D. 通过激光技术读取信息

E. 同时对多个物体进行识读

6. RFID 系统主要硬件包括（　　）。

A. 门式读写器　　B. 固定式 RFID 读写器　　C. 手持读写器

D. RFID 电子标签　　E. 信息采集系统

7. 在现代物流的正常运作中电子拣货主要有（　　）。

A. 摘取式拣货　　B. 人工单据拣货　　C. RF 拣货

D. 播种式拣货　　E. 传接式拣货

8. 计算机辅助拣货系统包括（　　）。

A. 货架　　B. 电子标签　　C. 堆积滚筒输送线

D. 条码阅读器　　E. 管理与监控系统

9. 计算机辅助拣货系统具有（　　）。

A. 提高了操作人员的熟练程度　　B. 提高拣货速度

C. 降低拣货错误率　　D. 降低作业成本

E. 增多了人员找寻货物存放位置所花的时间

10. 按信息的作用不同，物流信息可以分成（　　）。

A. 计划信息　　B. 物品信息　　C. 控制及作业信息

D. 统计信息　　E. 支持信息

11. 现代物流信息系统基本目的是（　　）。

A. 物流信息传递的标准化　　B. 物流信息传递的实时化

C. 存储的数字化　　D. 物流信息处理的计算机化

E. 人员管理的制度化

12. 物流信息系统的发展大致可以分为（　　）。

A. 物流信息系统的雏形阶段　　B. 自动化设备的应用阶段

C. 与其他信息系统的结合阶段　　D. 物联网

E. 电子商务下的物流信息系统

13. 一个好的仓储管理系统一般应该具备的功能包括（　　）。

A. 为仓储企业实现信息化管理　　B. 向客户报告产品动态信息

C. 辅助客户制订生产计划　　D. 密切仓储企业和客户之间的联系

E. 帮助客户调整市场策略

14. EAN－13 码的编码必须遵循（　　）。

A. 标准性原则　　B. 唯一性原则　　C. 简明性原则

D. 永久性原则　　E. 无含义原则

15. 条码识读器组成包括（　　）。

A. 光源　　B. 接收装置　　C. 光电转换部件

D. 译码电路　　E. 计算机接口

16. EDI 具有功能包括（　　）等。

A. 文件跟踪　　B. 确认　　C. 防篡改

D. 防冒领　　E. 电子签名

17. 物流信息就是反映物流活动的（　　）。

A. 内容　　B. 形式　　C. 过程及发展变化

D. 主体　　E. 客体

18. 互联网时代物流呈现出的特点是（　　）。

A. 各种设施在生产空间合理布置　　B. 合理控制库存

C. 均衡生产　　D. 合理配置和使用物流机械

E. 健全物流信息系统

19. 目前国际上通用的和公认的物流条码码制有（　　）。

A. ITF－14　　B. UCC/EAN－128　　C. EAN－8

D. ITF－13　　E. EAN－13

20. 构成 EDI 系统的要素包括（　　）。

A. 软件　　B. 硬件　　C. 通信网络

D. 数据标准化　　E. 计算机人员

21. 仓储信息系统具备（　　）。

A. 集合性　　B. 相关性　　C. 目的性

D. 适应性　　E. 营利性

22. 物流管理系统分为（　　）。

A. 管理层　　B. 操作层　　C. 决策层

D. 设计层　　E. 执行层

23. 现代物流已经使用的高新技术有（　　）。

A. 条码与光电扫描识别设备　　B. 电子数据交换系统（EDI）

C. 全球卫星定位跟踪系统（GPS）　　D. 智能交通管理系统（ITS）

E. 物联网技术

24. 物流系统规划内容包括客户服务目标、运营战略、管理组织和（　　）。

A. 物流网络　　B. 物流节点内部布局　　C. 仓储系统

D. 运输管理　　E. 信息系统

25. 物流信息系统特点具有（　　）。

A. 集成化　　B. 模块化　　C. 实时化

D. 网络化　　E. 智能化

26. 物流系统的模式的功能包括物流系统的输入、输出以及（　　）。

A. 限制　　B. 管理　　C. 反馈

D. 调整　　E. 处理

27. 下列选项中，属于物流系统设计中的基本数据的是（　　）。

A. 商品的种类、品项等　　B. 运输　　C. 商品的数量

D. 物流成本　　E. 时间

28. 物流系统化的目标简称为5S，具体包括（　　）。

A. 费用最少　　B. 规模适当化　　C. 有效的利用面积和空间

D. 服务性　　E. 快捷性

29. 物流中心信息系统包括（　　）。

A. 面向制造企业零配件采购供应物流中心信息系统

B. 面向制造企业产成品分销物流中心信息系统

C. 面向批发企业分销物流中心信息系统

D. 面向消费者的物流中心信息系统

E. 第三方专业物流服务商的物流中心

30. 区域物流平台是物流的载体，是一个包括诸多因素的复杂因素的复杂网络体系。其建设需要考虑的因素包括（　　）。

A. 基础设施类　　B. 设备类　　C. 标准类

D. 人员培养　　E. 组织机构

四、情景问答题（请简要回答下面的问题。）

1. 某服装公司想通过VMI系统进行物流业务升级，采购了Windows NT，用PC机做服务器，根据销售的历史数据、季节款式、颜色等不同因素，为每一个客户预测一年的销售和库

存需要量。请问，服装公司需要通过 VMI 系统进行数据信息收集后，要做好哪些主要的工作？

2. 由于网络 B2B、B2C 等业务的兴起，网上商城等虚拟卖场成了现阶段我国电子商务的主要进行场所，但由于网上商城的产品更加多样，以及由于客户的订单短、批次多、批量小等特点，从而导致物流成本升高，库存上升。请针对网上商城的特点，对网上商城的仓库管理提出建议。

3. 某物流企业为了提高企业的业务量，决定拓宽企业经营模式，引入电子商务物流模式，但是该企业业务部的经理对电子商务的物流模式不太了解，请您帮助介绍企业怎样开展电子商务物流。

4. 裕达公司最近在开发海外市场，为了快速与海外市场接轨，在公司上上下下实行物流标准化作业，请简述物流标准化的含义。

5. 物流信息技术在现代物流作业中的作用越发明显，物流信息标准体系的框架内容是什么？

6. 某医药企业最近引进电子标签辅助拣货系统。代替了原有的传统表单拣货作业，大大提高了日常的工作效率。请问电子标签辅助拣货比传统表单拣货优越在哪里？

7. 在一次企业物流经理的座谈会上，来自不同企业的物流经理们互相交流自己的工作经验和体会。其中某生产企业的物流经理说他们厂里的 ERP 软件功能非常强大，不仅能实现对仓库作业结果的记录、核对和管理，还能实现对仓库作业过程的指导和规范。与会的很多物流经理都觉得很疑惑，认为这是 WMS 才应该具有的功能。请问你同意张经理的看法吗？请给出自己的理由。

8. A 企业是一家大型国营企业，在仓储管理中应用的主要是条码技术进行盘点等作业。B 企业则是一家近年来迅速崛起的民营企业，公司在仓储管理中应用了先进的射频识别（RFID）系统，随着市场竞争的加剧，A 企业的近况越来越差，仓储管理中的人力资源成本居高不下，无法为企业提供正确的库存数据，而 B 企业的情况则正好相反。请你从 RFID 技术具有的特点及优势出发，解释一下这种现象。

9. S 公司是一家大型的第三方物流企业，主要经营仓储业务，其在信息技术应用方面走在了行业的前列，现在有一家合作伙伴企业的领导来公司考察，假设你是仓库的主管，请你向他们简要阐述一下基于 RFID 系统的仓储作业流程是什么。

10. Z 企业是一家大型国营企业，在仓储管理中主要应用传统手段进行盘点、拣货等作业。L 企业则是一家近年来迅速崛起的民营企业，公司在仓储管理中应用了计算机辅助拣货系统（CAPS），随着市场竞争的加剧，Z 企业的近况越来越差，仓储管理中的人力资源成本居高不下，配送不够及时、差错率较高，而 L 企业的情况则正好相反。面对严峻的形势 Z 企业的领导却迟迟下不了引进 CAPS 的决心，请你试从计算机辅助拣货系统（CAPS）具有的功能特点出发，说服 Z 企业引进 CAPS。

五、论述题

1. 请按自己的理解描述一下仓库管理系统。

2. 简述未来物流信息技术发展的主要趋势。

3. 怎样看待“物流是信息流和资金流的基础与载体，同时，物流也可能是电子商务的瓶颈”？

六、案例题

1. 亚马逊网上书店的总部位于美国西雅图，随着公司在各地的高速发展，亚马逊网公司新建了一系列配送仓库，同时考虑既建自己的配送队伍，也找第三方合作伙伴。例如，在中国北京、上海、广州、天津四个地区两种模式并行，其他地区主要是与第三方快递公司合作。亚马逊这几年的销售额每年都保持了100%的增长，特别是在电子商务发展普遍受挫时，亚马逊也能得到快速发展。经过研究发现，正是被许多人称为是电子商务发展“瓶颈”和最大障碍的物流，发展了亚马逊，并创造了亚马逊高速发展的业绩。请问亚马逊为何能获得如此大的发展，能给现在的企业哪些有益的启示？

2. 某机械设备公司是一家专业从事机械制造设备研究、设计、制造、成套和服务的大型民营企业。公司总部占地面积400余亩，员工2000多人，已经具备年产100台套石油钻机和500台钻井泵的生产能力。目前该公司拥有多个大型仓库，包括：原料库、配件库、装备库和劳保用品库，而且随着企业规模的不断发展壮大，仓库也将不断地扩建才能满足企业物资存放需要。

为了能规范仓储物资管理，提高库房管理工作效率，该公司最终选择了精诚 EAS－WMS 仓储物资管理系统来控制整个生产过程，以使企业向生产制造柔性化和管理精细化方向发展，提高市场应对的实时性和灵活性，降低管理成本、改善库房管理水平。公司在 WMS 仓储物资管理方面的实际需求主要包括：智能货位管理、虚拟货位管理、出入库管理、临时出入库管理、仓库盘点管理、库龄分析等。

配合公司信息化建设的整体进度，实施仓储物资管理系统必须遵循整体规划、分步实施的原则，经过讨论公司决定物资管理系统分为前后两期来分别完成，一期项目重点完成出入库管理、临时出入库管理、盘点管理、智能货位管理等，能够实现基础的数据采集和出入库管理，实现库房特殊业务的管理；二期项目将针对该公司各分公司仓库的物资管理系统进行自动化改造，最终实现全公司物资自动化追踪管理。

该公司实施条码仓储管理系统后，将规范各相关部门的业务操作，提高各部门之间的协作，解决目前该公司实物临时入库管理混乱的问题。实现入库出库智能选择货位的功能，提高物资出入库的效率。

所有业务单据均是在系统中处理和流转，减少纸质单据的管理，逐步实现无纸化办公。RFID 系统将解决目前仓库盘点依靠人工清点的问题，提高盘点效率和准确率。系统使用业务单据的关联管理，减少业务单据的重复录入，有效提高业务部门的工作效率。同时，精诚仓储物资条码系统引入 OA 中的“待办事宜提示”，有效进行工作提醒，解决业务处理不及时的问题。

通过数据接口的开发，使条码系统能与其他业务系统实时交换数据，有效保障用户前期投资。系统引入了 BOM 表，通过物料计算（MRP）生成生产领料单，这为今后 MES 系统预留了接口。

EAS－WMS 系统的成功实施为公司信息化注入了新的活力，同时与 ERP 系统的有效集成，大大提高该公司从采购、库存、生产、销售到财务管理的有效协同，真正在企业搭建了一个统一集成的管理平台，使公司的信息化建设又迈向了一个更高的台阶。

（1）这家机械设备公司的仓储管理运作给我们带来了什么启示？

（2）一个好的 WMS 系统应该具备哪些基本功能？它与一般的进销存软件或 ERP 软件的区别是什么？

（3）请简要叙述一下 WMS 系统的基本模块都有哪些？

答案篇

单元1　概述习题答案

一、判断题（本类题型所包含的每道小题都只有正确或错误的一种答案，你认为正确的请在答题卡对应的题号上涂A，错误的涂B。）

1. B　2. A　3. B　4. B　5. A　6. B　7. B　8. A　9. B　10. B　11. A　12. B　13. B　14. B　15. A　16. A　17. A　18. A　19. B　20. A　21. B　22. A　23. B　24. A　25. B　26. A　27. B　28. B　29. A　30. B　31. B　32. A　33. B　34. A　35. A　36. A　37. B　38. B　39. B　40. A　41. B　42. A　43. A　44. B　45. B　46. A　47. A　48. B　49. A　50. A　51. A　52. A　53. A　54. B　55. A　56. A　57. B　58. B　59. B　60. A　61. A

二、单选题（本类题型所包括的每道小题只有一个正确答案，请在给出的选项中选出正确答案。）

1. B　2. C　3. B　4. C　5. C　6. D　7. C　8. C　9. A　10. B　11. B　12. C　13. B　14. B　15. D　16. A　17. B　18. A　19. C　20. B　21. C　22. A　23. C　24. D　25. C　26. B　27. B　28. A　29. C　30. B　31. B　32. C

三、多选题（本题型所包含的每道小题都有不止一个正确答案，请选出你认为正确的答案，错选和多选者本小题不得分，少选但选项正确的可得到相应的分数。）

1. ABCDE　2. ABC　3. ABCDE　4. ABDE　5. ABCDE　6. BCDE　7. ABCDE　8. ABCDE　9. ABCDE　10. BCDE　11. ABCDE　12. ABCE　13. BDE　14. ABCD　15. ABD　16. BCD　17. ABCDE　18. ABCD　19. BCDE　20. ABCDE　21. ABCDE　22. ABC　23. ACDE　24. BCE　25. ABCDE　26. ABCDE

四、情景问答题（请简要回答下面的问题。）

1. 答：作为特殊运输项目应该做下列事情：

（1）确定运输方案［公路运输、水路运输（上海港—长江—岳阳）］此方案以水路运输为佳；

（2）寻找合作伙伴船运公司；

（3）考察水路和陆路运输线路（长江沿线、岳阳—工厂）；

（4）制订大件运输方案；

（5）到相应交管部门办理审批手续。

2. 答：

（1）产品类别

①按产品原材料分类

产品的原材料是决定产品质量和性能的重要因素，原材料的种类和质量不同，成分、性质、结构也就不同，从而使产品具有截然不同的理化特征。单一原材料制品可以分为木制品、塑料制品、橡胶制品、棉麻制品、石油制品、钢铁制品等。但对那些用多种原材料制成的货品，如汽车、电视机、洗衣机、电冰箱等不宜用原材料作为分类标志。以原材料为标志的分类方法是产品的重要分类方法之一。此种分类方法适用那些原材料种类较少，其中某一种原材料对产品性能起决定作用的产品。

按原材料分类的优点很多，它分类清楚，能从本质上反映出各类产品的理化性能和特点，为确定仓储条件提供了基本依据。

②按产品用途分类

按产品用途分类是一种重要的产品分类方法。所有产品按照用途可以分为生产资料和生活资料。生产资料包括钢材、木材、水泥、煤炭、设备等；生活资料按照用途又可以分为食品、医药用品、纺织用品等。

③按产品在流通过程中所处的位置分类

按照产品在生产过程中所处的不同位置，可以分为原材料、在制品、半成品、成品等。位置不同，所采用的仓储方法也不同。

④按产品其他特征分类

如按照产品的产地、形状、尺寸、颜色等进行分类，如 T 恤按照款式分类可以分为男式和女式；按照颜色可以分为蓝色、黑色、白色等。

（2）仓库分类

①按用途分类

自有仓库：指的是企业为了保管本公司的货品（原料、半成品、产成品）而建设的仓库。

公共仓库：指的是面向社会提供物品储存服务，并收取费用的仓库。

保税仓库：指的是指经海关批准设立的专门存放保税货物及其他未办结海关手续货物的仓库。保税仓库是保税制度中应用最广泛的一种存储形式。

②按结构和构造分类

平房仓库：平房仓库是指仓库建筑物是平房，结构很简单，有效高度一般不超过5～6米的仓库。这种仓库建筑费用很便宜，可以广泛采用。

多层仓库：为两层以上的建筑物，是钢筋混凝土建造的仓库。建造多层仓库可以扩大仓库实际使用面积。

高层货架仓库：利用高层货架配以货箱或托盘储存货物，利用巷道堆垛起重机及其他机械进行作业的仓库。

散装仓库：是指专门保管散粒状或粉状物资的仓库。

罐式仓库：以各种罐体为储存库的大型容器型仓库。

③按仓库功能分类

生产仓库：指的是为企业生产或经营储存原材料、燃料及产品的仓库。也称为原料仓库或成品仓库。

储备仓库：指的是专门长期存放各种储备物资，以保证完成特定储备任务的仓库。如战略物资储备、季节物资储备、备荒物资储备、流通调节储备等。

集配型仓库：指的是以组织物资集货和配送为主要目的的仓库。

中转分货型仓库：兼具中转和分货两种特性的仓库，其中转作用具有单品种、大批量的特性，其储备作用又接近于储备型仓库。

加工型仓库：指的是以流通加工为主要目的的仓库。一般的加工型仓库是集加工厂和仓库两种职能于一体，将货品的加工和仓储结合在仓库实施。

流通仓库：指的是专门从事中转、代存等流通业务的仓库。

④按仓储技术或保管方式分类

可以分为普通仓库、冷藏仓库、恒温仓库、危险品仓库等。

⑤按仓库选址分类

可以分为港口仓库、内陆仓库和枢纽站仓库等。

3. 答：

（1）预备储区

预备储区是货品进出仓库的一个暂存区，为货品进入下一保管区域而作准备。通常货品在此停留的时间不长。但在预备储区，不仅要对货品进行必要的保管，还要将货品打上标识、进行分类，再根据要求归类，摆放整齐，目的是为了节约下一作业程序时间。预备储区作业效率的高低将直接影响其他储区的作业效率。

（2）保管储区

货品离开预备储区后一般要进入保管储区。保管储区是仓库中最大、最重要的货品保管区域。货品在此区域往往以较大的存储单位储存，停留时间最长。因此，保管储区是整个仓库的管理重点。为了最大限度地增大储存容量，要考虑合理运用储存空间，提高使用效率。为了对货品的摆放方式、位置及存量进行有效的管理，应考虑储位的分配方式和储存策略，并选择合适的储放和搬运设备，以提高作业效率。

（3）动管储区

动管储区是进行拣货作业的工作区。货品在此被保管的时间通常不会太长，一般在短时间内就会被拣取出货。因为货品在该储位上流动频率很高，所以称为动管储区。为了缩短拣货时间，降低拣错率，必须迅速地找到货品所在位置，因此货品储存的标识与位置指示就非常重要。为了降低拣错率，还需要使用拣货设备，例如，电脑辅助拣货系统 CAPS、自动拣货系统等。动管储区的主要任务是整理、整顿储区货物，处理拣货单。

五、论述题

1. 答：

（1）尽量利用库位空间，采取立体储存的方式。

（2）仓库通道与堆垛、堆垛与堆垛之间保持适当距离，提高货品装卸的效率。

（3）根据货品收发批量、包装外形、性质和盘点方法的不同要求，使用不同的堆码工具，采取不同的堆码方式。其中，危险品和非危险品的堆码，性质相互抵触货品的堆码应该区分开来，不得混存混放。

（4）不要轻易地改变货品存储的位置，一般按照先进先出的原则管理。

（5）在库位不紧张的情况下，尽量避免货品堆码的覆盖和拥挤。

2. 答：

（1）预入库准备

在货物到达仓库之前，客户会与仓储部门进行沟通，客户通过邮件或传真的形式将入库货物清单发给仓储方，仓储方根据货物清单、货物的属性及仓库中货物的存储情况，规划即将入库货物的存储位置，并生成入库单。

（2）卸货

客户派司机将货物送达储存仓库后，仓库作业人员按照事先的安排使用叉车或人力将货物卸载到入库暂存区。

（3）验收

验收准备：为保证验收工作及时、准确地完成，提高验收效率，减少劳动消耗，仓管员接到入库通知后，首先根据到货商品的特性，做好验收前的准备工作：调集人员、器具和设备，打印凭证，确定储位等。

核对单据：在货物到达后，仓管员核对客户派遣司机提交的送货单和之前发来的入库单，确认货物的名称、规格、数量和包装等内容是否一致。

检查货物：在单据核对无误后，要检查货物的外包装是否有破损、污损等；有特殊要求的货物，将会有“倾斜”、“冲击”等专用检验标志，必须认真检查这些标志是否发生了变化；若合同中有明确规定要抽检或开箱检查的货物，要按规定检查，确认货物的品种、规格、生产日期、质量等是否符合要求。

清点货物数量：清点货物的整件数量，除合同有明确规定，一般不需开箱检查清点箱内数量。

签收单据：确认验收无误后，在送货单上“备注栏”填写实收数量，并在相应的位置上签字确认。

（4）当入库验收过程中出现异常，应及时处理

①验收凭证问题处理：验收凭证问题主要是指验收需要的证件未到或证件不齐全。出现此类问题时，要及时向货主单位索取，到库货物应作为待检验品堆放在待验区，待证件到齐后再进行验收。

②包装检验问题处理：货物外包装出现严重破损、变形和水渍等情况时，要及时通报货主单位，等待处理意见，得到处理意见前，不可入库或退回。

③数量检验问题处理：货物数量短缺或溢余在规定范围内的，可按原数入账。否则，通知货主单位进行解决。

④入库程序：仓管员根据要求将货物堆码，然后在事先规划好的存储位置将货物摆好。货物入库后要办理相应的入库手续，包括登台账、立货卡、建档案和签单证等步骤。

登台账：根据入库单，填写手工台账，台账的格式可以根据入库货物的特点与管理的需要酌情设计，内容一般包括：时间、入库单号、货物属性（名称、数量、规格、包装等）、存

放货位号、结存数量、货主名称、提货时间、入库号、出库数量等。

立货卡：将货物名称、规格、数量或出入状态等内容填写到货卡中。货卡应插放在货物下方的货物支架上或摆放在货垛正面的明显位置。

建档案：将货物的入库单、送货单、验收单、入库单等相关单证、各种技术资料以及在保管期间使用的操作记录、发货单等原件或复印件存入档案，应一物一档。

签单证：仓库主管签署入库单，并交给客户留存。

3. 答：出库业务是货品储存业务的最后一个环节，是仓库根据使用客户开出的提货单，按其所列的货品名称、规格、数量、时间和地点等项目，组织货品出库，并进行登账、配货、复检、点交清理和送货等一系列工作的总称。

出库作业的基本步骤包括以下几点：

核对凭证：提货人员将提货单交由仓管员，仓管员核对提货单与库内出库单的货物名称、规格、数量、包装等信息内容是否一致，核对无误后，仓管员安排货品出库。

备货：进行货位查找，利用叉车完成相应货品的拣取，并将货品集中到发货区。

复核：为避免出库商品出错，备货后应进行复核。复核有三种方法，即专人复核、保管员互核和自我复核。复核的内容包括：名称、规格、型号、批次、数量和单价等项目。

清点交接：出库商品经复核后，要与提货人员进行清点交接。清点交接完成后，由保管员在出库单上填写数量，并签字；再由提货人员在出库单和提货单上签字。

清理现场：货品出库后，有的货垛被拆开，有的货位被打乱，有的现场还留有垃圾或杂物。保管员应根据储存规划要求，对剩余商品进行并垛或挪位，并及时清扫发货现场。

登账：保管员办理销卡和登账手续，填写货卡和货位明细账。

六、案例题

答：传统的运输作业的主要流程包括：业务受理、取货作业、集货作业、装车发运、在途跟踪、到达卸货、送货签单、保险理赔八个环节。

（1）业务受理

业务受理是运输作业的第一步，包括：

接收客户委托：客服人员接收客户的业务申请后，要判断此业务是否属于公司的业务范围，如果不属于则要婉拒。如属于，则应立刻反馈客户，并进一步询问与运输相关的其他信息。

业务分析及审核：客服人员联系客户，确定业务相关信息，包括收货人、取货联系人，再根据公司规定并且与调度相关部门沟通后，初步确定运输的费用，并确定客户是否需要取货和送货，是否要求返单等。

录入 TMS 系统：客服人员在公司的 TMS 系统中查询是否维护过客户的收货人信息，并核对，如有错误要修改。然后在订单管理模块中维护运输订单信息。

保存订单：TMS 系统生成订单；审核 TMS 系统订单；订单提交至调度模块。

（2）取货作业

取货作业可分三个步骤：步骤一：接收取货指令并安排车辆；步骤二：准备取货单据并处理信息系统；步骤三：货运员跟车取货。

（3）集货作业

集货作业可分为四个步骤：步骤一：编制运输计划；步骤二：处理 TMS 系统并打印、传递相关单据；步骤三：编制集货单；步骤四：场站集货作业。

（4）装车发运

装车发运可分为五个步骤：步骤一：TMS 待发运模块处理；步骤二：TMS 发运到达模块处理；步骤三：现场装车；步骤四：发运；步骤五：发运到货预报。

（5）在途跟踪

在途跟踪可分为三个步骤：步骤一：订单查询；步骤二：运单跟踪；步骤三：运单补录。

（6）到达缺货

到达卸货可分为四个步骤：步骤一：车辆到达；步骤二：卸货作业；步骤三；验收交接；步骤四：单据处理及反馈。

（7）送货签单

送货签单可分为四个步骤：步骤一：下达送货指令；步骤二：场站出货；步骤三：送货交接；步骤四：系统签收处理。

（8）保险理赔

保险理赔可分为七个步骤：步骤一：投诉受理；步骤二：事故调查；步骤三：判断是否理赔；步骤四：理赔；步骤五：赔付；步骤六：存档；步骤七：回访客服人员对处理完毕的投诉向客户进行电话回访。至此，保险理赔操作完毕。

单元2　仓库布置和设备选用习题答案

一、判断题（本类题型所包含的每道小题都只有正确或错误的一种答案，你认为正确的请在答题卡对应的题号上涂A，错误的涂B。）

1. B　2. B　3. B　4. B　5. B　6. A　7. B　8. B　9. A　10. B　11. B　12. B　13. A　14. A　15. B　16. B　17. A　18. A　19. B　20. A　21. B　22. A　23. A　24. B　25. B　26. B　27. B　28. A　29. B　30. A　31. A　32. B　33. B　34. A　35. A　36. B　37. A　38. B　39. A　40. B　41. A　42. B　43. A　44. A　45. B　46. A　47. B　48. A　49. A　50. A　51. A　52. B　53. A　54. B　55. A　56. A　57. A　58. A　59. A　60. B

二、单选题（本类题型所包括的每道小题只有一个正确答案，请在给出的选项中选出正确答案。）

1. A　2. B　3. C　4. C　5. D　6. B　7. D　8. A　9. B　10. C　11. C　12. A　13. A　14. C　15. B　16. D　17. B　18. C　19. D　20. A　21. C　22. D　23. B　24. A　25. B　26. C　27. D　28. B　29. A　30. C　31. D　32. B　33. A　34. D　35. B　36. D　37. A　38. C　39. D　40. B

三、多选题（本题型所包含的每道小题都有不止一个正确答案，请选出你认为正确的答案，错选和多选者本小题不得分，少选但选项正确的可得到相应的分数。）

1. ABC　2. ACDE　3. BC　4. CDE　5. ABCD　6. ABC　7. ACE　8. ACD　9. ABCD　10. BC　11. ADE　12. BCD　13. ABCDE　14. ABCD　15. BCD　16. ABC　17. BCE　18. BC　19. ABC　20. ABCDE　21. ABC　22. ABCDE　23. AB　24. CD　25. AD　26. BE　27. CE　28. ACE　29. CE　30. AB

四、情景问答题（请简要回答下面的问题。）

1. 答：

（1）应该选择普通重量型货架。

（2）货架占用面积比 $=1.5\times2\div(1.5\times2+3)=50\%$

$2000\times90\%=2\times1.5\times X/50\%$，$X=300$

应购买300组货架。

2. 答：货架需求组数 $=20000\div(100\times5\times2)+35000\div(50\times5\times2)+12000\div(60\times5\times2)=20+70+20=110$ 组，共需110组货架。

3. 答：

A. 货物性质：对高价值、高精度的货物或需要特种运输条件的货物，一般选择使用自有车辆进行配送。

B. 客户属性：客户分布密集或单个客户配送需求量大的，一般采用自有车辆配送。

C. 成本效益：对常规货物，先比较自有车辆和外租车辆两者的成本或效益，择优选用：

自有车辆使用成本 = 固定成本 + 变动成本

外租车辆使用成本 = 租车费 + 管理费

或者，

使用自有车辆利润 = 配送服务费 − 自有车使用成本

外租车辆使用利润 = 配送服务费 − 外租车使用成本

其中，自有车辆固定成本包括车辆折旧费、保险费、养路费、车船使用税等平摊的金额；自有车辆变动成本包括油费、过路费、正常保养费等。成本效益分析就是要选择成本较低或利润较高的车辆。

4. 答：每天备货的次数 $=2\div0.5=4$（次）

平均每天的出货门店数 $=600+400\div2=800$（家）

平均每批次备货出货的门店数 = 800 家 ÷ 4 = 200（家）

每次备货需面积 = 200 家 × 4 平方米 ÷ 家 = 800（平方米）

所以，一共需要800平方米的出货暂存区。

5. 答：仓库总平布置即指仓库的货区布局，是指对仓库内的存货区、入库检验区、理货区、配送备货区，通道以及辅助作业区在规定范围内进行全面合理的安排，仓库货区布局是否合理，将对仓库作业的效率、储运质量、储运成本和仓库的赢利目标的实现产生很大的影响。一个合理的仓库布局应实现以下几方面的目标：

（1）适应仓储作业过程和要求，有利于仓储业务的顺利进行，货区布局应该以单一的物流流向，最短的搬运距离，最少的装卸环节和最大程度地利用空间为布置的目标；

（2）有利于节省投资，充分利用现有资源和外部协作条件，根据设计规划任务和库存物品的性质选择设施设备，以便最大限度地发挥其效能；

（3）有利于保证安全和职工的健康，仓库建筑必须严格按照“建筑设计防火规范”的规定建设，并且作业环境的安全卫生标准也要符合国家的有关规定。

仓库货区布局的最终目的是要在库存物的处置成本和仓库空间之间寻找最优平衡。

五、论述题

1. 答：一般来说，进行仓库布置需要考虑的因素有：客户（E）、品项（I）、数量（Q）、渠道（R）、服务（S）、交货时间（T）和成本（C）共7个因素，

客户（E）：客户类型不同，出货数量和形态会不同。如客户是经销商，则出货会以整托盘和整箱出货为主；如客户是零售商，则出货会以整箱和单品出货为主。

品项（I）：行业不同，其品项的数量和形状也会不同。品项数越多，储位数就越多；形状越一致，货架的设计和搬运工具选用就越简单。

数量（Q）：库存量的大小决定库容的大小。由于库存量常有波动，如果按照平均量来设计仓库，则高峰期间需考虑外租仓库。如果按照高峰量来设计，则淡季时会有仓库闲置的成本问题。另外，仓库设计时，还要考虑业务成长带来的库容需求增长问题。

渠道（R）：配送渠道的类型与配送出货特性关系很大。渠道越接近消费者，物流作业越烦琐和复杂。

服务（S）：仓库作为物流节点，希望以最低的成本达到客户服务品质的要求，但是服务品质的高低与投入的物流设备、人力资源、配套的信息系统等紧密相关。随着客户对服务品质要求的提高，如紧急配送、夜间配送或者新增流通加工，往往需要提高物流成本。

时间（T）：时效性为服务品质的一部分。客户通常会关注到货前置时间，即客户发出订单后到收到货品的时间间隔。到货时间的长短影响配货的频次。某些客户要求每天配一次货，有些客户可能要求2～3天配一次货。这些都会影响到物流中心的设备配置和区域规划。物流时效越短，对仓储的作业要求就越高。

成本（C）：作为配送中心的仓库的规划和建设需要大量资金投入，运营过程也需资金支持，这些都和成本密切相关。仓储成本与服务品质在一定范围内成正比。因此在进行仓储布置时，必须考虑投资和运营总成本。

2. 答：

U形动线：

动线描述：进货区和出货区在仓库的同一侧。货物由进—存—出形成了一个类似倒 U 字形的移动路线。在传统仓储中，经常会将入库月台和出库月台合并为进出库月台，作为货物进出作业共用，也属于 U 形动线的范畴。

U 形动线特点：

月台资源能综合运用；

适合越库作业；

使用同一车道供车辆出入；

易于控制货物安全。

I 形动线：

动线描述：出货区和进货区在仓库相对的两个方向。货物由进—存—出形成了一个类似 I 字形的移动路线。

I 形动线特点：

A. 可以应对进出货高峰同时发生的情况；

B. 常用于无库存作业的中转仓库。

L 形动线：

动线描述：货物的进货区和出货区分别设置在仓库相临的两侧。货物由进—存—出形成一个类似 L 字形的移动路线。

L 形动线特点：

A. 可以应对进出货高峰同时发生的情况；

B. 适合有库存（存储功能）和无库存（越库功能）同时并存的作业；

C. 可同时处理“快流”及“慢流”货物。

3. 答：托盘需求数量 = 存储用托盘数量 + 拣货用托盘数量 + 预留托盘数量

其中：存储用托盘数量与重量型货架的托盘储位一一对应，货架规划完毕，这部分托盘的需求量就可以确定。由于拣货用托盘一般不会随车发货，所以只需计算备货区可以摆放的托盘数量即可。预留托盘的数量一般为前两者总和的 3% ~5% 。

六、案例题

答：

（1）业务流程分析

在进行仓库布置之前，首先要进行仓库业务流程的分析，这是区域规划的基础。以最常见的流程为例，其所涉及的区域包括：入库月台区、入库验收区、入库暂存区、存储区、办公区、拣货区、流通加工区、出货复核区、出货暂存区、出货月台区、返品区等。

（2）区域动线分析

确定仓库需要哪些区域之后，下一步工作就是确定这些区域分布的相对位置。由于各区域功能已定，通过库内的动线规划就可以确定各区域的位置。

所谓动线是指由人或物在仓库内移动形成的一系列的点连接而成的线。如拣货动线为拣货员由拣货设备存放区至某拣货储位再至接下来的一系列储位，最后至复核区，这一系列的点构成的线即为拣货动线。

动线优化遵循的基本原则是“不迂回、不交叉”。不迂回的含义是防止无效搬运，不交叉是为了避免动线冲突，给搬运过程带来不安全的隐患。为了使动线设计达到最优化，需要根据行走距离最小原则进行精细计算，但常常受限于缺乏真实数据来源。因此，实际操作中往往根据整体的进出货特性来选择合适的动线类型。常见动线类型有三种：U 形动线、I 形动线、L 形动线。

（3）区域面积计算

仓库中各区域可归类为存储区、周转区、功能区和通道区。存储区所占面积最大，需考虑存储方式，包含货架存储区和平面存储区。周转区面积需求与进出货流程设计有关，包含入库暂存区、出库暂存区。功能区所占面积相对较小但属刚性需求，包含办公区、验收区、流通加工区。通道区面积也属于刚性需求，包含主通道、货架通道、人行道等。

①总存储面积的需求可按以下公式计算（不考虑产品波动性因素）

$$A = \sum a_i Q_i G_i$$

其中：

A 为总存储面积。

a_i 为第 i 个品种的货品每单位所需存储面积。

Q_i 为第 i 个品种的货品的历史平均存储量。

G_i 为第 i 个品种的货品存储量的成长系数。

②周转区面积计算

周转区可分为进货暂存区和出货暂存区。由于进货常为大批量少品种，且检验完毕后立刻可以上架存储，所以进货暂存区的面积不大，可根据单批次检验量所需占地面积来决定，也可不设置进货暂存区，直接利用进货月台来解决暂存问题。

对于出货暂存区，由于出货常为多品种少批量，且拣货过程较为复杂，常需要备货、复核、合流等一系列的作业，故需要较大区域面积。

对于一般仓库，其出货暂存区的面积计算如下：

出货暂存区总面积 = 批次备货门店数 × 平均每家门店需备货面积

其中，批次备货门店数：在物流中心需要采取波次拣货的情况下，每波次需要备货的门店数。

平均每家门店需备货面积：在备货的过程中，每家门店需要的备货占据仓库面积的平均数。

其他区域面积计算：

仓库的其他区域主要有办公区、通道、休息室、叉车充电区及工具存放区等。

办公区主要考虑办公人员座位和资料存放面积的需求，如有必要也可配置会议室、讨论室或洽谈室。办公区的面积与办公人员成正比，一般人均办公面积需 5 ~ 10 平方米。

仓库的通道可分为叉车通道、辅助通道、人行通道等。其中，叉车通道的设计需要重点考虑叉车的回转半径，其宽度一般需在 3 ~ 4 米；辅助通道指人可进入取货，或者利用人力拖车、笼车等进入取货的通道，宽度一般在 1 ~ 2 米；人行通道是仅供工作人员行走，包括消防逃生通道等，宽度一般在 0.8 ~ 1.2 米。

休息室的作用是给现场体力作业人员休息之用，也可兼作进货司机短时间休息的地点，可配置书籍、电视及茶水等，一般人均 4 ~ 5 平方米即可。

叉车充电区的配置需参考叉车的使用说明，一般设置在靠近进货区的仓库角落或户外独立的充电房，以便及时取用叉车。

工具存放区一般设计在靠近进货区或出货区的仓库角落，也可专门设置一个工具存放室，存放室内也可配置一些小型货架，以提升空间的利用率。

单元3　进货入库作业习题答案

一、判断题（本类题型所包含的每道小题都只有正确或错误的一种答案，你认为正确的请在答题卡对应的题号上涂A，错误的涂B。）

1. B　2. A　3. A　4. A　5. B　6. B　7. A　8. B　9. A　10. A　11. B　12. A　13. B　14. B　15. A　16. B　17. A　18. B　19. B　20. B　21. B　22. A　23. B　24. A　25. A　26. A　27. A　28. B　29. B　30. A　31. A　32. B　33. B　34. A　35. B　36. A　37. B　38. A　39. B　40. B　41. A　42. B　43. B　44. A　45. A　46. A　47. B　48. B　49. A　50. B　51. A　52. A　53. B　54. B　55. A　56. B　57. A　58. B　59. A　60. B

二、单选题（本类题型所包括的每道小题只有一个正确答案，请在给出的选项中选出正确答案。）

1. A　2. D　3. B　4. C　5. B　6. C　7. B　8. D　9. C　10. B　11. C　12. D　13. A　14. B　15. B　16. D　17. D　18. B　19. C　20. D　21. A　22. D　23. C　24. B　25. A　26. D　27. C　28. B　29. D　30. B　31. A　32. C　33. D　34. A　35. D　36. D　37. D　38. A　39. D　40. B

三、多选题（本题型所包含的每道小题都有不止一个正确答案，请选出你认为正确的答案，错选和多选者本小题不得分，少选但选项正确的可得到相应的分数。）

1. ABCDE　2. ABC　3. ACDE　4. ABC　5. ACDE　6. AD　7. CD　8. ABD　9. ABD　10. ACDE　11. ABCDE　12. ACD　13. CD　14. AB　15. BCDE　16. ABC　17. ABCD　18. ABCDE　19. BCDE　20. ABC　21. BC　22. ABD　23. ABE　24. ACE　25. BCD　26. ABCDE　27. BCDE　28. ABD　29. ABCE　30. BCDE

四、情景问答题（请简要回答下面的问题。）

1. 答：

（1）RF技术在验收中的使用方法：

步骤	程序	作业说明	单证/工具	人员
1	RF 验收准备	领取 RF 终端和备用电池，检查登录账号是否正常	RF 终端设备、电池	仓管员、RF 验收员
2	RF 验收	按照 RF 终端设备使用方法，逐个扫描托盘货品条码，并输入货品生产日期，核对收货数量、规格等信息	预检单、订单	RF 验收员
3	验收完毕	保存信息，退出系统，交回 RF 终端设备	RF 终端设备	仓管员、RF 验收员

（2）RF 技术在入库上架中的使用方法：

①入库前检查

A. 检查货品是否完好无损，包括包装、条码和封条。

B. 检查托盘条码是否粘贴正确。

②RF 终端货品核对

用 RF 终端扫描粘贴在托盘上的条码，根据 RF 终端提示的信息，核对货品的品名、数量、规格、条码号等信息。

③搬运到储位

根据 RF 终端提示的"建议货位"信息，使用搬运设备将货品搬运到指定地点。

④货入储位

将货品放入指定存储货位，并用 RF 终端扫描货位条码。

⑤签入库单

签入库单，交审核人员做入库确认，完成入库上架作业。

2. 答：

（1）面向通道原则：为方便货品库内移动、存取，需将货品面向通道存放；

（2）分层堆放原则：为提高仓库利用率及保证作业安全，应尽量使用货架分层存放；

（3）先进先出原则：为防止货品长期存放而变质、损毁、老化，特别是感光材料、食品类货品应遵循先入先出原则；

（4）周转率对应：进出货频率高的货品应存放在靠近仓库进出口的地方；

（5）同一性原则：相同类型货品存放在相同或相邻位置；

（6）相似性原则：相似货品存放在相邻位置；

（7）重量对应：重货品放在地面或货架底层，较轻货品存放于货架上层；

(8) 明确标示：分区、货架、货位应清楚标示，以便作业人员找到货品位置，提高作业效率；

(9) 形状对应：根据货品形状确定其存放位置和存放方法，标准化包装货品一般存放于货架上，非标准形状货品对应其形状进行存放；

(10) 合理的搬运活性：为减少作业时间和次数，提高仓库周转速度，根据货品作业要求，合理选择货品搬运活性；

(11) “五五堆放”：以五或五的倍数在固定区域内堆放货品，使货品“五五成行，五五成方，五五成包，五五成堆，五五成层”，堆放横竖对齐，上下垂直，过目知数，流动后零头尾数要及时合并，方便货品的数量控制和清点盘存。

3. 答：

优点：

A. 预检可以第一时间了解供应商送货是否存在差异，避免差异货品重复装卸、检验等作业，浪费时间和资源。

B. 通过预检可以掌握该订单是否为已处理订单、过期订单或提前送货订单，还可以发现信息系统中未录入货品等信息资料。

C. 通过单证的比对，预检可以核对货品数量和金额等信息是否一致，降低退货可能性。

缺点：

A. 预检增加了一个作业环节，延长了作业时间，增加了作业成本。

B. 预检只是对双方单证进行比对，不能准确知晓到货的实际情况。

五、论述题

1. 答：

(1) 重叠式

各层码放方式相同，上下对应，层与层之间不交错堆码。

优点：操作简单，工人操作速度快，包装物四个角和边重叠垂直，承压能力大。

缺点：层与层之间缺少咬合，稳定性差，容易发生塌垛。

适用范围：货品底面积较大的情况下，使用该方式有足够的稳定性。该种堆码方式配合合适的加固方式不仅能保证其稳定性，还能保留操作省力的优点，比较适合自动装盘操作。

(2) 纵横交错式

相邻两层货品的摆放旋转90°，一层为横向放置，另一层为纵向放置，层次之间交错堆码。

优点：操作相对简单，层次之间有一定的咬合效果，稳定性比重叠式好。

缺点：咬合强度不够，稳定性不足。

适用范围：比较适合自动装盘堆码作业。

（3）旋转交错式

第一层相邻两边的包装体都互为90°，两层之间的堆码相差180°。

优点：相邻两层之间咬合交叉，托盘货品稳定性较高，不容易塌垛。

缺点：堆码难度大，中间形成空穴，降低托盘利用率。

（4）正反交错式

同一层中，不同列货品以90°垂直码放，相邻两层货物码放形式旋转180°。

优点：不同层间咬合强度较高，相邻层次间相互压缝，稳定性较好。

缺点：操作较麻烦，人工操作速度慢。

2. 答：

（1）验收作业流程：

①清点数量

对订货单和送货单一一核对，清点到货的数量和品种。按照货品性质和包装不同，清点数量有以下几种方法：

A. 计件法：适用于以件为单位的货品，清点并记录货品件数。货品清点时，要点清所有货品，包括配套固定包装的小件货品，如带有附件和成套的机电设备需清查主件、部件、零件和工具等。

B. 检斤法：检斤法是针对按重量供货或以重量为计量单位的货品进行的检验方法，即重量验收。通常所说的货品重量都是指净重。

C. 检尺求积法：针对以体积为计量单位的货品（如木材、竹材、砂石等），采取先测量尺寸，然后求体积的验收方法。

D. 精度验收法：对精度要求很高的金属材料和仪器仪表的验收采用此方法。主要包括仪器仪表精度验收和金属材料尺寸精度验收两类。

②抽样检验

抽样检验主要是针对货品质量进行检验。质量检验是货品验收的核心环节，对于外包装良好的货品，按照一定比例随机抽取货品进行检验。对于外包装有损坏的货品，应该全部查看检验。检验员参照货品规格说明书进行验收，对于抽样检验不合格的货品进行拍照、记录，并请供应商代表签字确认。

（2）入库上架作业流程：

①入库前检查

A. 检查货品是否完好无损，包括包装、条码和封条。

B. 检查托盘条码是否粘贴正确。

②RF 终端货品核对

用 RF 终端扫描粘贴在托盘上的条码，根据 RF 终端提示的信息，核对货品的品名、数量、规格、条码号等信息。

③搬运到储位

根据 RF 终端提示的“建议货位”信息，使用搬运设备将货品搬运到指定地点。

④货入储位

将货品放入指定存储货位，并用 RF 终端扫描货位条码。

⑤签入库单

签入库单，交审核人员做入库确认，完成入库上架作业。

3. 答：

序号	货架类型	货架结构	功能特点
1	抽屉式货架	按存放货物重量可分为重型和轻型货架	结构简单，实用性强，可提高空间利用率，是人工作业仓库的主要存储设备；主要用于存放规格多样，需要分开放置的货品
2	托盘式货架	专门用于存放托盘货物，承载能力较大，适于存放整托盘货物	结构简单，可调整组合，费用低；入库不受先后顺序的限制，存储托盘货品，可配合升降叉车使用
3	阁楼式货架	利用钢架和楼板将储存空间分割为上、下两层，下层货架结构支撑上层楼板	有效地提高了空间利用率，通常上层存放轻量货品；不适合与重型搬运设备配合使用，上层货品搬运需配垂直输送设备
4	悬臂式货架	由在立柱上装设悬臂构成，悬臂可以是固定的，也可以是移动的，其尺寸一般根据所存放物料尺寸的大小确定	悬臂式货架为开放式货架，不太适合机械化作业，需配合跨距较宽的设备使用。一般高度 6m 以下，空间利用率较低，约 35% ~50%；为防止货品损伤，悬臂上可加垫木质衬垫或橡胶衬垫起保护作用

续 表

序号	货架类型	货架结构	功能特点
5	移动式货架	移动式货架底部装有滚轮，通过开启控制装置，滚轮可沿道轨滑动	移动式货架平时密集相接排列，存取货品时通过手动或电力驱动装置使货架沿轨道水平移动，形成通道，可大幅度减少通道面积，地面使用率可达80%；可直接存放货品，不受先进先出的限制；相对来说机电装置较多，建造成本较高，维护也较困难
6	重力式货架	货品货位与水平面成一定的倾斜角度，低端作为出货端，而高端作为入货端	能够大规模密集存放货物，减少了通道数量，可有效节约仓库面积；能保证先进先出，并且方便拣货；拣货端与入货端分离，能提高作业效率和作业的安全性；货架可根据需要设计成适合托盘、纸箱、单件货品储存的结构和形式
7	驶入、驶出式货架	钢质结构，货架两边钢柱上有水平凸出的悬轨，叉车将托盘送入，由货架两边的悬轨托住托盘及货品	高密度配置，高度可达10m；库容利用率高达90%以上；适用于大批量少品种配送中心使用，但不太适合太长或太重的货品；不适合严格要求先进先出的货品

六、案例题

答：通过以上比较可以看出，除了投资成本的不同，4种不同的货架仓储方式有各自的特点。

VNA窄通道系统能有效利用仓库的空间（通道最小），同时又能保证有很好的存取货速度和拣选条件（每个托盘都能自由存取和拣选）。该类仓库系统，每台设备的存取货速度大约为30~35个托盘。适合于各种行业，特别是种类比较多，或进出速度较快的情况：如果仓库越大、仓库的进出量越大，使用该系统的设备数量增加不会很多，成本反而更低。近年来，这种系统的仓库已越来越多，特别是大型仓库。

驶入式系统可以有效利用仓库的空间（货架排布密度大），但不能满足拣选的要求。每个托盘不能自由存取。适合于种类比较单一、大批量进出状况的作业。该系统的出货速度不快，每小时只有10~12个托盘。该系统一般在较少的行业使用。

选取式货架系统是使用最广泛的一种，不能非常有效地利用仓库的空间，但能保证有很好的存取速度和拣选条件（每个托盘都能自由存取和拣选）。该类仓库系统，每台设备的存取速度大约为每小时15~18个托盘，适用于各种行业。随着仓库增大，仓库的进出量越大，使用该系统的设备数量增加会较多，所以成本会增加；但它的灵活性非常好，第三方物流的仓库大都采用这种形式。

双深式货架系统是选取式和驶入式货架系统的结合体，可以非常有效地利用仓库的空间

（货架排布密度较大），又能保证有很好的存取货速度和拣选条件（每两个托盘都能自由存取和拣选）。该类仓库系统，每台设备的存取速度大约为每小时 12～15 个托盘：它的灵活性也较好，如果随着仓库增大，仓库的进出量越大，使用该系统的设备数量增加不会较多，所以成本基本保持不变。近年来，这种系统的仓库使用已逐步增多，没有行业限制，但货物种类不能太多。

综合来看，每种仓库系统各有特色，每个公司要按照各自的行业特点来选择最适合的、性价最好的系统。当然，每个系统并不是独立的，可以结合起来同时使用，根据不同的物流方式、进出速度、货物品种、进出量来选择。

单元4　补货及拣货作业习题答案

一、判断题（本类题型所包含的每道小题都只有正确或错误的一种答案，你认为正确的请在答题卡对应的题号上涂 A，错误的涂 B。）

1. A　2. B　3. A　4. B　5. B　6. B　7. B　8. A　9. A　10. B　11. B　12. B　13. A　14. B　15. B　16. B　17. B　18. A　19. B　20. B　21. A　22. B　23. A　24. B　25. B　26. B　27. B　28. B　29. B　30. A　31. B　32. A　33. A　34. B　35. B　36. B　37. B　38. B　39. B　40. B　41. B　42. A　43. B　44. A　45. A　46. A　47. A　48. A　49. A　50. A　51. A　52. A　53. A　54. B　55. B　56. A　57. B　58. A　59. B　60. A　61. B　62. A　63. B　64. A　65. B　66. B

二、单选题（本类题型所包括的每道小题只有一个正确答案，请在给出的选项中选出正确答案。）

1. C　2. D　3. C　4. B　5. D　6. C　7. A　8. D　9. A　10. B　11. C　12. A　13. B　14. A　15. C　16. D　17. C　18. A　19. D　20. C　21. D　22. C　23. D　24. C　25. D　26. D　27. B　28. D　29. B　30. A　31. D　32. C　33. D　34. B　35. B　36. A　37. C　38. C　39. B　40. C

三、多选题（本题型所包含的每道小题都有不止一个正确答案，请选出你认为正确的答案，错选和多选者本小题不得分，少选但选项正确的可得到相应的分数。）

1. ACD　2. ABC　3. ABCDE　4. BD　5. ABCD　6. BCDE　7. ABCDE　8. ABC　9. ABCDE　10. ABC　11. ABCD　12. ABC　13. ACD　14. ABC　15. ABCE　16. ABCDE　17. ABDE　18. ABCDE　19. ABE　20. ABCDE　21. ABCD　22. ABC　23. ABDE　24. ABD　25. ABCDE　26. AB　27. BD　28. ABCDE　29. ACDE　30. ABCDE

四、情景问答题（请简要回答下面的问题。）

1. 答：电子标签系统是计算机辅助拣货系统最常用的技术系统之一。计算机对拣货作业管理主要通过货架上显示器显示的客户编号、物流箱编号以及拣货量等电子标签信息，向拣选作业人员及时、明确地下达拣货指令，具有加快拣货速度，降低拣货错误率，免除表单作业等优点。

2. 答：

（1）摘取式 DPS（Digital Picking System）拣货

DPS 拣货是依靠电子标签系统，对每一份订单的货品逐一进行拣选。它与人工摘取式拣货的区别在于 DPS 拣货过程中信息无纸化传递，拣货员只要根据电子标签系统指示的信息拣选货品即可，这种方法更准确、快捷，减少了拣货员的劳动强度。

（2）播种式 DAS（Digital Assorting System）拣货

DAS 拣货同样也是依靠电子标签系统，根据电子标签系统提示的信息进行拣选货品。它与 DPS 拣货的区别在于 DPS 拣货是按每张订单进行拣货，拣完货后不用再进行分货，摘取式电子标签系统对应的是货位；而 DAS 拣货是按照货品类型拣货，该方式汇总一定时间内的所有订单，拣选货品的数量是对应时间段里所有订单的总数，拣完货后需要依据每份订单进行分货。

3. 答：人工拣货分为两种，分别是人工摘取式拣货和人工播种式拣货，不同的拣货方式，拣货流程不同。

（1）人工摘取式拣货

人工摘取式拣选是针对每一张订单，由拣货员完全用人工方式根据订单上的货品信息到相应的存储位置将货品逐一挑出并集中的过程。

（2）人工播种式拣货

人工播种式拣货是把一定时间段里的多张订单集合成一批，依照货品种类将货品数量汇总，全部由人工按货品进行拣选，然后再根据每张客户订单进行分货处理的过程，这也是一种较传统的拣选方式。

4. 答：

评价指标：

为了衡量订单处理的水平，可以用订单处理数量指标和订单处理质量指标来评价。

订单处理的数量指标有二：

日均受理订单数 = 订单数量 ÷ 工作天数

每订单平均订货数量 = 出货数量 ÷ 订单数量

订单处理的质量指标有二：

订单延迟率 = 延迟交货订单数 ÷ 订单总数 × 100%

订单满足率 = 实际交货数量 ÷ 订单需求数量 × 100%

五、论述题

1. 答：

主要步骤说明：

（1）照单取货

信息员查询存货信息后，根据需要打印补货标签。补货员根据补货标签到相应的货位取货品。补货员需要核对条码号、名称、规格等信息，并检查货品外包装是否完好，根据标签信息领取指定数量的货品。

（2）货品搬运

取货后，补货员选用合适的搬运工具将货品搬运至拣货区目标货位。

（3）补货上架

补货员将货品整齐地放到指定货位，一种货品对应一个或者相邻的几个货位，货品与货位一一对应。

2. 答：

（1）人工摘取式拣货

人工摘取式拣选是针对每一张订单，由拣货员完全用人工方式根据订单上的货品信息到相应的存储位置将货品逐一挑出并集中的过程。

（2）人工播种式拣货

人工播种式拣货是把一定时间段里的多张订单集合成一批，依照货品种类将货品数量汇总，全部由人工按货品进行拣选，然后再根据每张客户订单进行分货处理的过程，这也是一种较传统的拣选方式。

（3）摘取式 DPS（Digital Picking System）拣货

DPS 拣货是依靠电子标签系统，对每一份订单的货品逐一进行拣选。它与人工摘取式拣货的区别在于 DPS 拣货过程中信息无纸化传递，拣货员只要根据电子标签系统指示的信息拣选货品即可，这种方法更准确、快捷，减少了拣货员的劳动强度。

（4）播种式 DAS（Digital Assorting System）拣货

DAS 拣货同样也是依靠电子标签系统，根据电子标签系统提示的信息进行拣选货品。它与 DPS 拣货的区别在于 DPS 拣货是按每张订单进行拣货，拣完货后不用再进行分货，摘取式电子标签系统对应的是货位；而 DAS 拣货是按照货品类型拣货，该方式汇总一定时间内的所有订单，拣选货品的数量是对应时间段里所有订单的总数，拣完货后需要依据每份订单进行分货。

3. 答：拣货效率指的是单位时间内拣货作业所能处理的货品数量，可以用以下两个指标来衡量：

单位时间拣货品种数 = 订单数量 × 每张订单平均品种数 ÷ 拣货所用工时

单位时间拣货效率 = 累计拣货总件数 ÷ 拣货所用工时

拣货准确度可以用以下指标来衡量：

拣货差异率 = 拣货差异数 ÷ 拣货总数量 × 100%

六、案例题

（1）答：计算机辅助拣货系统 CAPS（Computer Assisted Picking System），即电子标签拣货系统。可分为摘取式 DPS（Digital Picking System）拣货和播种式 DAS（Digital Assorting System）拣货两种。

（2）答：

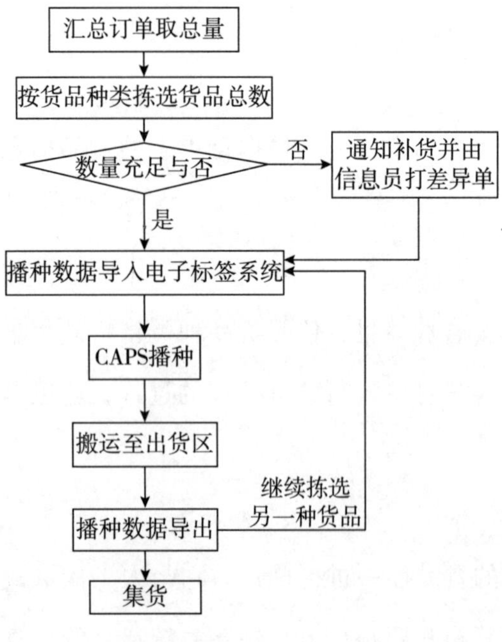

PDS 方式

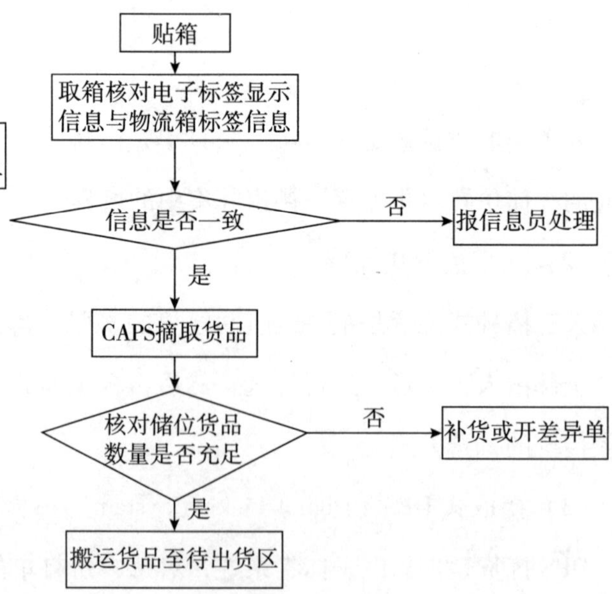

DAS 方式

单元5　出货作业习题答案

一、判断题（本类题型所包含的每道小题都只有正确或错误的一种答案，你认为正确的请在答题卡对应的题号上涂A，错误的涂B。）

1. A　2. B　3. B　4. B　5. A　6. A　7. A　8. A　9. A　10. B　11. B　12. B　13. B　14. B　15. B　16. B　17. B　18. A　19. A　20. B　21. A　22. A　23. A　24. B　25. A　26. B　27. A　28. B　29. A　30. A　31. B　32. A　33. B　34. B　35. A　36. A　37. A　38. A　39. B　40. A　41. A　42. A　43. A　44. A　45. B　46. A　47. A　48. A　49. B　50. B　51. A　52. B　53. A　54. A　55. B　56. A　57. A　58. A　59. A　60. A

二、单选题（本类题型所包括的每道小题只有一个正确答案，请在给出的选项中选出正确答案。）

1. A　2. B　3. D　4. C　5. D　6. B　7. D　8. A　9. B　10. C　11. C　12. A　13. D　14. A　15. C　16. B　17. C　18. C　19. D　20. A　21. A　22. A　23. A　24. B　25. C　26. C　27. D　28. A　29. D　30. B　31. C　32. A　33. D　34. B　35. B　36. C　37. D　38. C　39. A　40. C

三、多选题（本题型所包含的每道小题都有不止一个正确答案，请选出你认为正确的答案，错选和多选者本小题不得分，少选但选项正确的可得到相应的分数。）

1. AC　2. ABCD　3. ABDE　4. ABCDE　5. ABC　6. ABCDE　7. ABCE　8. ABCDE　9. ABDE　10. ABDE　11. ABCE　12. ABCDE　13. ABCD　14. ABC　15. ABCD　16. ABCD　17. ABCDE　18. ABCDE　19. ABCD　20. BCDE　21. ABCDE　22. ABCD　23. ABCDE　24. CDE　25. ABCDE　26. ABCDE　27. ABDE　28. AC　29. ABC　30. ABCD

四、情景问答题（请简要回答下面的问题。）

1. 答：系统复核作业流程中的关键步骤是：

（1）领取拣货单

拣货员拣货后，用一定的机械设备将货品搬运至待出货区，并将拣货单交给复核员，复核员接收拣货单，并以此为复核依据。

（2）审核拣货单

复核员接到拣货单后，审核拣货单上是否有拣货员签名，防止拣货员忘记签名的情况，以免后续复核中出现差异责任归属不明确现象。

（3）清点货品

复核员清点物流箱数量，并用RF终端设备逐个扫描物流箱上的条码，根据系统中显示的货品名称、规格、数量等信息，核对物流箱中货品信息。

（4）检查差异

若RF终端设备显示的货品信息与对应物流箱中货品信息存在差异，检查差异属于数量差异或是质量差异，并报拣货员处理，信息员开具差异单。

（5）签名确认

复核员复核完一个客户或门店的一批货品后用RF终端设备在信息系统中确认，并在拣货单上签名确认，完成一次复核作业。

2. 答：合流作业是指复核员根据复核单据和拣货标签复核完货品，确认拣选货品正确无误后，在货品上贴上客户或门店标签，并依据客户或门店将所有货品进行汇总，然后将汇总货品搬运至该客户或门店出货暂存区，以便于出货员点货装车的过程。其流程如图所示：

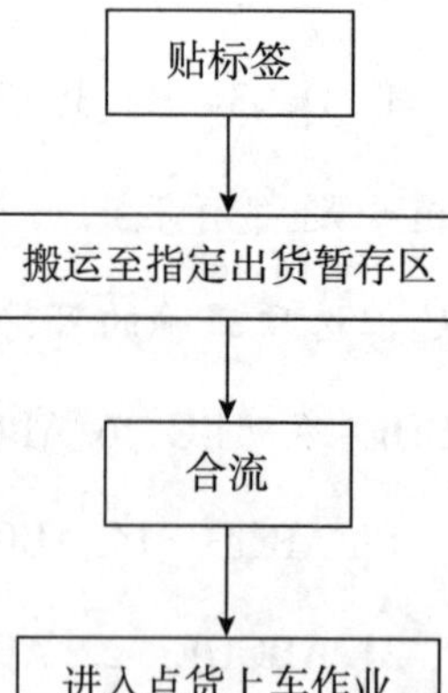

3. 答：点货作业关键步骤：

（1）领取出货凭证

接到出货指令后，出货员到信息中心领取出货凭证，以此作为点货上车作业的依据。

(2) 核对装车单与出货凭证

出货员核对司机提供的装车单与出货凭证上货品名称、数量、规格、价格等信息是否一致，若信息不一致拒绝后续操作，交信息员处理差异后方可继续操作。

(3) 清点货品

出货员根据出货凭证清点货品，核对货品实物与出货凭证信息是否一致，若信息不一致，交复核员处理差异。

(4) 签名确认

出货员按客户或门店清点完货品后签名确认，进行上车作业。

4. 答：上车作业流程关键步骤：

(1) 确认客户的配送顺序

出货员核对装车单上的配送顺序，并以此为装车顺序和装车方案的依据。

(2) 搬运货品到月台

确定好装车顺序后，出货员按装车顺序将货品从出货暂存区搬运至出货月台。

(3) 装货上车

出货员按照装车顺序指导和监督装车过程。

(4) 在不同客户货品上做区别标示

每装好一个客户或门店的全部货品，出货员须在其上做明显的标示，以便配送员卸货。

5. 答：不正确，三类货物不能配装于一车。因为货品配装有一些原则：

(1) 为了减少或避免差错，在装车时尽量把外观相近、容易混淆的货品分开。

(2) 重不压轻，大不压小，轻货应放在重货上面，包装承重能力差的应放在包装承重能力强的上面。

(3) 散发异味的货品不能与食品混装。

(4) 渗水货品不能与易受潮货品混装。

(5) 装载卷状、筒状货品，须垂直摆放，不能横放或倒放。

(6) 包装不同的货品应该分开装载，如板条箱货品不能和纸箱、袋装货品堆放在一起。

张某的做法不符合上述“(3)”、“(4)”项原则。

6. 答：复核作业中的 RF 操作步骤如下：

(1) 通过 RF 终端进入“复核”模块；

(2) 扫描物流箱标签条码，系统自动列出物流箱内货品信息；

（3）核对物流箱内货品信息与信息系统内货品信息是否一致，若不一致，检查差异类型是质量差异还是数量差异，进入差异处理程序；

（4）从一个客户的门店的一批物流箱中随机抽取几个物流箱，扫描其标签条码，核对箱中货品信息与信息系统中货品信息是否一致；

（5）复核完货品信息后，确认保存，退出系统，完成一次复核作业。

五、论述题

1. 答：人工复核作业流程中关键步骤：

（1）领取单据。接到复核指令，复核员领取复核单据，并以此作为复核作业的凭证。

（2）检查单据。复核员根据领取到的复核单据，核对拣货员提供的拣货单，并确认拣货员已在上面签字。

（3）清点货品。复核员按照拣货单据逐项清点货品数量，检查货品外包装和条码的完好性；若发现货品数量不一致或质量有问题，交由拣货员、信息员处理差异。若是数量少，经信息员确认核对后，拣货员补充缺少数量；若存在质量问题，则更换货品或更换外包装，保证货品数量和质量没有问题。

（4）签名确认。复核员复核完货品，在单据上签名确认，并将复核单据交信息中心。

系统复核作业流程中关键步骤说明：

（1）领取拣货单。拣货员拣货后，用一定的机械设备将货品搬运至待出货区，并将拣货单交给复核员，复核员接收拣货单，并以此为复核依据。

（2）审核拣货单。复核员接到拣货单后，审核拣货单上是否有拣货员签名，防止拣货员忘记签名的情况，以免后续复核中出现差异责任归属不明确现象。

（3）清点货品。复核员清点物流箱数量，并用 RF 终端设备逐个扫描物流箱上的条码，根据系统中显示的货品名称、规格、数量等信息，核对物流箱中货品信息。

（4）检查差异。若 RF 终端设备显示的货品信息与对应物流箱中货品信息存在差异，检查差异属于数量差异或是质量差异，并报拣货员处理，信息员开具差异单。

（5）签名确认。复核员复核完一个客户或门店的一批货品后用 RF 终端设备在信息系统中确认，并在拣货单上签名确认，完成一次复核作业。

2. 答：装车积载时，在“后送先装”的基本前提下，货品配装还需要注意以下一些原则：

（1）为了减少或避免差错，在装车时尽量把外观相近、容易混淆的货品分开。

（2）重不压轻，大不压小，轻货应放在重货上面，包装承重能力差的应放在包装承重能力强的上面。

（3）散发异味的货品不能与食品混装。

（4）散发粉尘的货品不能与清洁货品混装。

（5）渗水货品不能与易受潮货品混装。

（6）包装不同的货品应该分开装载，如板条箱货品不能和纸箱、袋装货品堆放一起；具有尖角和其他突出物的货品应和其他货品分开装载或者用木板隔开，以免损伤其他货品。

（7）装载卷状、筒状货品，须垂直摆放，不能横放或倒放。

（8）货品与货品之间，货品与车辆之间应留有空隙并适当衬垫，防止货损。

（9）装货完毕后，应在门端处采取适当的稳固措施，以防止开门卸货时，货品倾倒造成货损或人身伤亡。

3. 答：

（1）合流作业流程如图

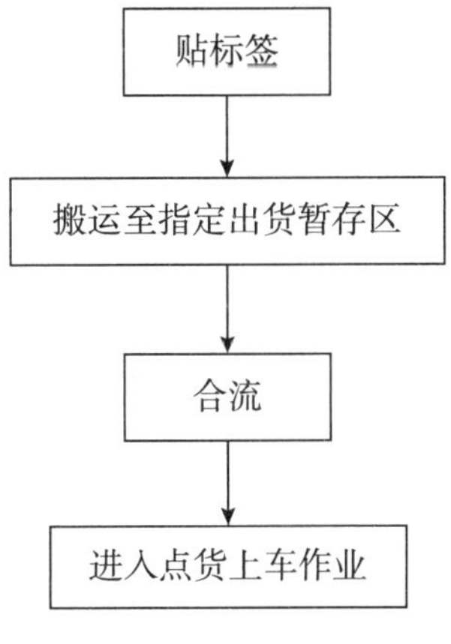

（2）管理技巧

合流作业是一项较为简单的作业。但在日常的作业管理中，也需注意方法。相关注意事项：

为了便于出货员辨别货品归属客户或门店，需要在出货暂存区按客户或门店分区，并标注客户名或门店名，标注必须清晰、工整。

复核员完成复核后须在货品上粘贴标签，以便于出货员清点核对及配送员交货。

复核员须按照客户或门店，将待出的全部货品进行汇总，以确认客户或门店总数准确无误，避免遗漏或搬错。

六、案例题

答：福保赛格及其母物流公司仓库管理赛格储运有限物流公司在1999年开发过一套基于C/S体系的管理信息系统，后因结算不准确、系统灵活性差、不能适应业务变化等原因放弃使用了。自2002年年底到2003年年底，赛格储运有限物流公司仓库管理与赛邦软件合作开发了一套全新的，基于Web的B/S体系的物流管理系统，覆盖了运输业务、仓储业务、财务结算等各个方面。从而实现了客户网上下单、网上查询订单处理状态、库存状态、账单明细等，可以做到实时结算和预约结算。

福保赛格面临的最大问题是如何提高资产回报率。保税仓的固定资产超过8000万元，而每年的利润却不到500万元。与运输业务相比（货柜车辆的固定资产只有1000多万元，每年贡献的利润却达到2000万元以上），资产回报率太低。提高保税仓库区工作人员士气，努力增强服务意识，注重品质提升；增大物流增值服务的比例，大幅提高仓租费以外的收入来源，争取到更多利润贡献率高的优质客户，淘汰利润率低的C类客户等都是可能的解决途径。

为了使得物流公司仓库管理能够上台阶，提高保税仓的资产回报率，并在适当的时候通过ISO 9000的认证，福保赛格希望通过内部实现全面质量管理来持续改进自己的管理流程，并通过信息化的手段来辅助管理的开展。他们所考虑的思路与前面我们所探讨的质量管理学大师戴明所持的观点有很大程度的吻合，首先他们希望建立现代的岗位培训制度，建立严谨的教育及培训计划。然后通过在部门中持续不断的开展培训和流程监控，消除内部各部门之间的隔阂，提升所有员工主动为客户服务的意识，并且消除员工对于管理层的恐惧感，敢于提出自己的观点和看法；逐步取消妨碍基层员工工作畅顺的因素、建立量化考核指标；并且通过最高层领导的积极参与，在企业内部形成一种计划、执行、检查、处理（PDCA）的全体员工认同的管理文化。对外开发更多的高端客户，树立以客户为中心的意识（强烈关注客户的满意度），提出“要把服务做在客户没有想到之前”的口号。通过内部的管理流程挖潜和对外客户的优质增值服务来获得新的竞争优势。

单元6　配送作业习题答案

一、判断题（本类题型所包含的每道小题都只有正确或错误的一种答案，你认为正确的请在答题卡对应的题号上涂A，错误的涂B。）

1. B　2. B　3. B　4. A　5. B　6. A　7. B　8. B　9. A　10. B　11. A　12. B　13. A　14. B

15. A　16. B　17. B　18. B　19. A　20. A　21. B　22. B　23. B　24. A　25. B　26. A

27. B　28. A　29. A　30. B　31. B　32. A　33. B　34. B　35. A　36. B　37. A　38. B

39. B　40. A　41. B　42. B　43. B　44. A　45. A　46. A　47. B　48. B　49. A　50. B

51. A　52. B　53. A　54. A　55. A　56. B　57. B　58. B　59. A　60A

二、单选题（本类题型所包括的每道小题只有一个正确答案，请在给出的选项中选出正确答案。）

1. C　2. A　3. D　4. C　5. B　6. A　7. D　8. C　9. B　10. B　11. C　12. B　13. A　14. C

15. D　16. B　17. A　18. B　19. C　20. D　21. C　22. A　23. D　24. B　25. A　26. A　27. C

28. D　29. A　30. B　31. C　32. D　33. B　34. A　35. D　36. D　37. A　38. A　39. D　40. A

三、多选题（本题型所包含的每道小题都有不止一个正确答案，请选出你认为正确的答案，错选和多选者本小题不得分，少选但选项正确的可得到相应的分数。）

1. ABCD　2. ACDE　3. ABCDE　4. BCD　5. BD　6. AB　7. CDE　8. ABCDE　9. ABCDE

10. BCDE　11. ABCD　12. ABCDE　13. CE　14. ABDE　15. ACD　16. BDE　17. ABCDE

18. BC　19. ACDE　20. ABCDE　21. ABCD　22. ABCDE　23. ABCDE　24. ABCE　25. ACD

26. ABCDE　27. BCDE　28. ABDE　29. ABCE　30. ABCD

四、情景问答题（请简要回答下面的问题。）

1. 答：

（1）数量统计：调度员统计当天要货客户或门店的名称与数量，并根据发货单信息统计每位客户或门店所需配送的货品数量。

（2）安排配送区域：按照一定的原则安排配送区域。

（3）发货量汇总：按照确定的配送区域汇总各个配送区域货品总量。

（4）配送车辆安排：根据各区域的货品总量安排配送车辆。装车时调度员需检查车辆计划装载量是否超出车辆的额定载重及额定装货体积。如果出现超载时，需调整装载计划以满足发货需要。

（5）装车出货：司机在货品装车后依照指定配送线路实施配送作业。

2. 答：

（1）合适原则：①合适的车型：配送调度人员根据货品的规格计算出各个配送区域的货品重量、体积，再考虑路线因素以及货品的性质和包装等确定车型以及数量。②合适的车辆来源：调度人员确定车型及车辆数量后，即可开始确定车辆来源。如果有车源供应商即可直接安排好装车时间、地点等；如果没有固定的车源供应商，需立即寻找车源以满足配送需要。

（2）邻近区域调度原则。

（3）最小成本原则。

（4）车辆最大容积率原则：调整后的配送货品体积、重量不得超过配送车辆可承载的最大容积、重量。

3. 答：

（1）起止点不同的单一路径规划：是线路优化模型理论中最为基础的问题。求解此类最短路径问题主要有以下几种算法：①Dijkstra 算法；②逐次逼近法；③Floyd 算法。

（2）多个起止点的路径规划：起始点或目的地不唯一的运输调配问题。主要有两大类求解方法：①单纯形法；②表上作业法。

（3）起点和终点相同的路径规划：一般被称为 TSP，“流动推销员”问题。常用的方法有：①扫描法；②节约法。

4. 答：企业的这种做法是采取混合策略方法来降低配送成本。混合策略是指配送业务一部分由企业自身完成。这种策略的基本思想是，采用纯策略（即配送活动要么全部由企业自身完成，要么完全外包给第三方物流完成）易形成一定的规模经济，并使管理简化。但由于产品品种多变、规格不一、销量不等等情况，采用纯策略的配送方式超出一定程度不仅不能取得规模效益，反而还会造成规模不经济。而采用混合策略，合理安排企业自身完成的配送和外包给第三方物流完成的配送，能使配送成本最低。

5. 答：物流配送的延迟策略的基本思想就是对产品的外观、形状及其生产、组装、配送应尽可能推迟到接到顾客订单后再确定。一旦接到订单就要快速反应，因此采用延迟策略的一个基本前提是信息传递快。延迟策略采用生产延迟和物流延迟两种方式实施。

实施延迟策略的企业应具备以下几个基本条件：

（1）产品特征：生产技术非常成熟，模块化程度高，产品价值密度大，有特定的外形，产品特征易于表达，定制后可改变产品的容积或重量；

（2）生产技术特征：模块化产品设计、设备智能化程度高、定制工艺与基本工艺差别不大；

（3）市场特征：产品生命周期短、销售波动性大、价格竞争激烈、市场变化大、产品的提前期短。

6. 答：配送运输网络设计是建立一个框架结构，以便在其中做出关于运输路线和运输日程的安排运营决策，从而影响整个供应链的运营。运输网络可以设计成以下几种类型：

（1）直接运输网络。所有货物直接从供应商处运达零售店，每次运输的线路都是固定的，管理者只需要决定运输的数量并选择运输方式。直接运输网络的优点有：没有中间仓库、操作和协调简单易行、一次运输决策不影响别的货物运输、每次运输都是直接的且运输时间较短。

（2）多落点的直接运送。指一个提货点配送到多个送货点或者多个提货点到一个送货点所经过的路线。管理者需要对每条路线进行规划，通过多家的联合运输，可大大降低成本。

（3）通过配送中心的运输。供应商将货物运送到配送中心，再配送到销售网点。

（4）通过配送中心的多地点送货。指每家进货规模都很小，配送中心可以使用多地点送货路线送货。

在运输决策时，必须考虑库存成本、设施和处理成本、运营中的协调成本以及对客户需求的反应敏捷度。

五、论述题

1. 答：

（1）在店验收

①货品检查：配送员检查客户或门店退回的货品是否符合物流中心退货规定，如保质期、外包装等。

②货品清点：配送员对符合物流中心退货要求的货品依照退货单，检查货品名称、数量、规格是否与退货单信息一致。若一致，继续操作；若不一致，拒绝接受退货。

③货品签收：经双方确认货品无误后，配送员在退货单上签名确认。

④返品上车：配送员将所收退回货品进行简单包装如放入物流箱中，并分别在退回货品上做简单标示，搬运上车，以方便识别不同客户退回的货品。

（2）入库交接

①到库下货：配送车辆返回配送中心后，配送员按不同客户逐次将退回的货品和回收的物流箱搬运下车。

②在库对点：退货收货员根据退货单信息检查货品和物流箱数量与规格是否正确。

③货品签收：确认货品无误后，退货收货员在退货单上签名并按规定保留相应单据存根。

④返品整理：退货整理员将退回货品和物流箱分类，并把同类返品归整到同一托盘上，将物流箱整齐堆码，以方便下一步整理。

⑤送到返品处理区：物流箱放置在指定的区域，并将退回的货品整理后送到返品处理区，可以减少混乱，方便统一处理。

2. 答：

（1）核单作业流程

①接收回单：配送结束后，配送员将客户回单交信息中心，信息员接收回单。

②审核回单：信息员比较系统记录及出车回单中的客户收货数据是否存在差异，若有差异，进行差异处理。

③差异处理：信息员结合相关部门（配送、运输）寻找差异原因。录入差异信息。

④回单确认：信息员在信息系统内进行回单确认。

（2）审单作业的要点

①审核回单是否正确，是否为客户确认的有效回单，如查看是否盖有客户收货专用章，是否有客户收货签名等，同时要查看回单是否完整、齐全。

②审核回单签收有无迟到、货物短少、窜号、残损、包装破损、变形、水湿等不洁记录，如有则按有关标准进行扣罚。

③审核回单发现存在差异时找配送员进行差异处理，追究相关责任。

④回单审核完毕必须及时在系统中作相应处理。

3. 答：

（1）根据系统的概念运用系统分析的方法求得整体优化。

（2）以流动的观点作为设施规划的出发点，并贯穿在设施规划的始终，因为企业的有效运行依赖于人流、物流、商流、信息流的合理化。

（3）从宏观（总体方案）到微观（每个部门、库房、车间），又从微观到宏观的过程。

（4）减少或消除不必要的作业流程，这是提高企业生产率和减少消耗的最有效的方法之一。

（5）重视人的因素。

六、案例题

答：

（1）连锁超市在配送方面的优点体现在以下几点：

①统购分销，形成经济规模，降低流通费用；

②减少分店的库存，提高商品流通效率；

③密切了连锁超市与供应商的关系；

④可以促进连锁超市业务的发展和扩散。

（2）连锁超市在配送方面的也可能出现以下这些缺点：

①统一采购、统一配送率不高；

②经营理念落后，缺乏有效的合作机制；

③管理信息系统建设落后，未能实现；

④硬件设施落后、自动化水平偏低。

（3）可从以下方面进行改进：

①强化对连锁零售企业物流的认识；

②对配送中心的建设加大力度；

③多方面培养高素质的物流人才；

④发展共同配送模式。

单元7　返品处理作业习题答案

一、判断题（本类题型所包含的每道小题都只有正确或错误的一种答案，你认为正确的请在答题卡对应的题号上涂A，错误的涂B。）

1. B　2. B　3. B　4. B　5. A　6. B　7. B　8. A　9. B　10. A　11. B　12. B　13. B　14. A
15. B　16. B　17. B　18. B　19. B　20. A　21. B　22. B　23. A　24. A　25. A　26. B
27. B　28. A　29. A　30. A　31. B　32. A　33. A　34. B　35. A　36. B　37. B　38. A
39. A　40. B　41. A　42. B　43. A　44. B　45. A　46. A　47. A　48. A　49. B　50. B
51. B　52. A　53. B　54. B　55. A　56. A　57. B　58. A　59. A　60. B

二、单选题（本类题型所包括的每道小题只有一个正确答案，请在给出的选项中选出正确答案。）

1. B　2. C　3. A　4. D　5. B　6. A　7. D　8. C　9. B　10. B　11. A　12. B　13. D　14. A
15. B　16. A　17. B　18. B　19. D　20. A　21. B　22. C　23. D　24. C　25. B　26. D　27. B
28. A　29. B　30. D　31. C　32. A　33. D　34. D　35. C　36. B　37. A　38. C　39. B　40. B

三、多选题（本题型所包含的每道小题都有不止一个正确答案，请选出你认为正确的答案，错选和多选者本小题不得分，少选但选项正确的可得到相应的分数。）

1. ABCE　2. ABDE　3. ABCDE　4. ABCD　5. ABCE　6. BCDE　7. ACDE　8. ABCDE
9. ACE　10. ABCD　11. BC　12. ABCE　13. ABCD　14. ACE　15. ABCDE　16. DE
17. ABCE　18. ABD　19. ABCDE　20. ABC　21. ABCDE　22. ACD　23. CDE　24. ABCE
25. ACE　26. ACE　27. CDE　28. ABCDE　29. ABCDE　30. ADE

四、情景问答题（请简要回答下面的问题。）

1. 答：（此题从①退货原因分析②退货处理办法两方面入手解决）

2. 答：分别使用“退货单号”，“客户编号”，“商品编号”和“审核日期”进行退货查询。

3. 答：厂家是完成逆向物流，逆向物流按照回收物品的渠道可分为退货逆向物流和回收逆向物流。厂家实行的是退货逆向物流，指客户将不符合要求的产品退回给上游供应商（厂家），其流程与常规产品流向正好相反。因此厂家不堪返品处理的烦恼，宁可在商品购销合同中预先约定扣除一定的返品比例。

4. 答：首先，物流客户服务可以体现为一种具体活动；其次，物流客户服务表现为一种服务的标准或绩效水平；最后，物流客户服务表现为一种经营理念。

5. 答：物流客户服务的基本特点被定义为产品的可得性、运作绩效以及服务的可靠性。

①产品的可得性。产品的可得性要考虑以下三个性能指标——缺货频率、满足率以及发出订货的完成情况。②运作绩效。企业可以从运作速度、持续性、灵活性以及故障的补救等几个方面来衡量运作绩效。

6. 答：

（1）接收系统内各零售店的所有返品。

（2）对返品进行甄别。按照返品的实际状况把它们分为：可整修后重新销售；可降价批发销售；可向生产厂家退货；可作慈善捐赠用（在美国慈善捐赠可抵减税收）；可作废品利用及无利用价值等几类，并作相关处理。返品处理中心内设有相当规模的再生工厂，把可整修后重新销售的返品进行整修、包装后重新融入正向物流销售。

（3）对返品涉及的资金往来进行统一结算。

（4）对各厂家、各销售店、各类商品的返品状况及产生原因、返品的变动趋势等信息进行综合统计分析，并及时向总部提交相关报告。

7. 答：在评价返品处理作业时，常用的评价指标有：

（1）返品率。通过统计退货数量可反映出客户对产品质量的满意程度。

返品率 = 一定时间内累计返品数量 ÷ 一定时间内产品总销售数量

（2）客户投诉率。该指标反映了返品作业时提供的服务“不合格”的程度。

客户投诉率 = 客户投诉次数 ÷ 总返品次数

（3）客户流失率。该指标主要是反映在出现返品作业后客户的流失情况，也就是下次能否再合作的情况。该指标越低越好。

客户流失率 = 客户流失数 ÷ 返品客户总数

8. 答：对于这种情况应该首先分析造成退货的原因，然后分情况处理。

（1）瑕疵品回收。货品在设计、制造过程中的隐性质量问题，一旦由消费者或经销商发现，必须立即部分或全部回收。这种情形虽不常发生，但不可避免。应提高产品设计和生产的质量。

（2）搬运中损坏。由于包装不良或搬运中剧烈振动，造成货品破损或包装污损的，必须重新研究包装材质、包装方式和搬运过程中各项上、下货动作，找出真正原因并加以改善。

（3）货品送错退回。由于配送中心本身处理不当使客户收到的货品种类或数量与订单不符，必须做换货或退回处理，并核查出现问题的原因。找出原因后，配送中心应立即采取措施，如常出错的地方增加控制点，以提高正确率。

（4）货品过期退回。为了保证消费者的利益，过期的货品必须从货架撤下。由于货品产生过期的原因多种多样，认真地分析过期货品产生的原因，针对不同的原因找出不同的解决方案是减少过期货品的根本解决之道。

9. 答：这说明了返品处理作业在公司经营中有重要的地位。

从内容上讲，返品处理作业是配送作业的后续工作。在物流活动中，退货处理会大幅增加成本，减少企业利润，该公司希望通过进行返品作业分析尽可能地避免退货的产生。

返品作业实质上也是对客户提出服务争议的处理过程，它不仅消耗企业资源，还会影响到物流服务成本和客户满意度。该公司希望通过进行返品作业分析，降低退货作业量，减少这方面的成本和资源耗费，提高物流服务水平。

10. 答：一般的货品都有有效期。为了保证消费者的利益，过期的货品必须从货架撤下。对过期货品的处理，必须找合格的废弃物处理商。由于从回收到销毁需投入较多成本，所以要事前准确分析货品的需求，尽可能通过多批次小批量配送来减少过期货品的发生概率。由于货品产生过期的原因多种多样，认真地分析过期货品产生的原因，针对不同的原因找出不同的解决方案是减少过期货品的根本解决之道。

11. 答：返品处理作业流程关键步骤及内容

（1）返品验收作业

退货收货员根据配送员带回来的退货单核对退货名称、数量、规格、保质期等信息，若实际货品与退货单信息不一致，找配送员进行差异处理，并对回单进行确认。

（2）返品整理作业

退货整理员将退货收货员验收好的货品按照供应商、生产日期、货品的状态分类整理，装入物流箱中。

（3）良品入库作业

分类整理好的良品退货，交入库上架员验收。

（4）拒收退作业

对于不符合退货条件的货品，退货整理员整理后由配送员带回给客户并附带拒收退原因说明。

（5）不良品退仓作业

不良品移交供应商，供应商审核退货，若发现不符合退货条件，与退货部处理差异；符合退货条件的货品退回供应商处理。

12. 答：不论错误是什么原因造成的，除了立即回收外，仓库还须积极配合做好以下工作：

（1）立即补送新货以减少客户抱怨。

（2）会计方面应立即修正，以免收款付款错误，造成进一步的混乱。

（3）若有保险公司理赔，应立即依照保险理赔程序办理，包括保留现场证据或拍照存证，在规定时间内通知保险公司，准备索赔文件和损失计算，并通知本企业法律顾问一起处理。

（4）分析退货原因，作为日后改进的参考。在退货或换货的处理过程中，切记不要与客户争吵或追究客户责任。

五、论述题

1. 答：

（1）根据系统的概念运用系统分析的方法求得整体优化。

（2）以流动的观点作为设施规划的出发点，并贯穿于设施规划的始终，因为企业的有效运行依赖于人流、物流、商流、信息流的合理化。

（3）从宏观（总体方案）到微观（每个部门、库房、车间），又从微观到宏观的过程。

（4）减少或消除不必要的作业流程，这是提高企业生产率和减少消耗的最有效的方法之一。

（5）重视人的因素。

2. 答：

（1）无条件重新送货。由于送货发生错误的，应由配送员将送错货物调回，重新按正确订单发货，所发生的所有费用应由送货人承担。

（2）运输单位赔偿。因运输途中损坏而发生退货的，根据退货情况，由发货人确定所需的修理费用或赔偿金额。然后由运输单位负责赔偿。

（3）收取费用，重新送货。对于退货责任在客户方的，也可以允许退货，但要收取一定的费用，然后再根据客户新的订货单重新送货。

（4）重新送货或替代。对于因产品有缺陷，客户要求退货的，配送调度员应安排车辆收回退货货品，因此产生的费用应由生产商或经销商承担。

3. 答：

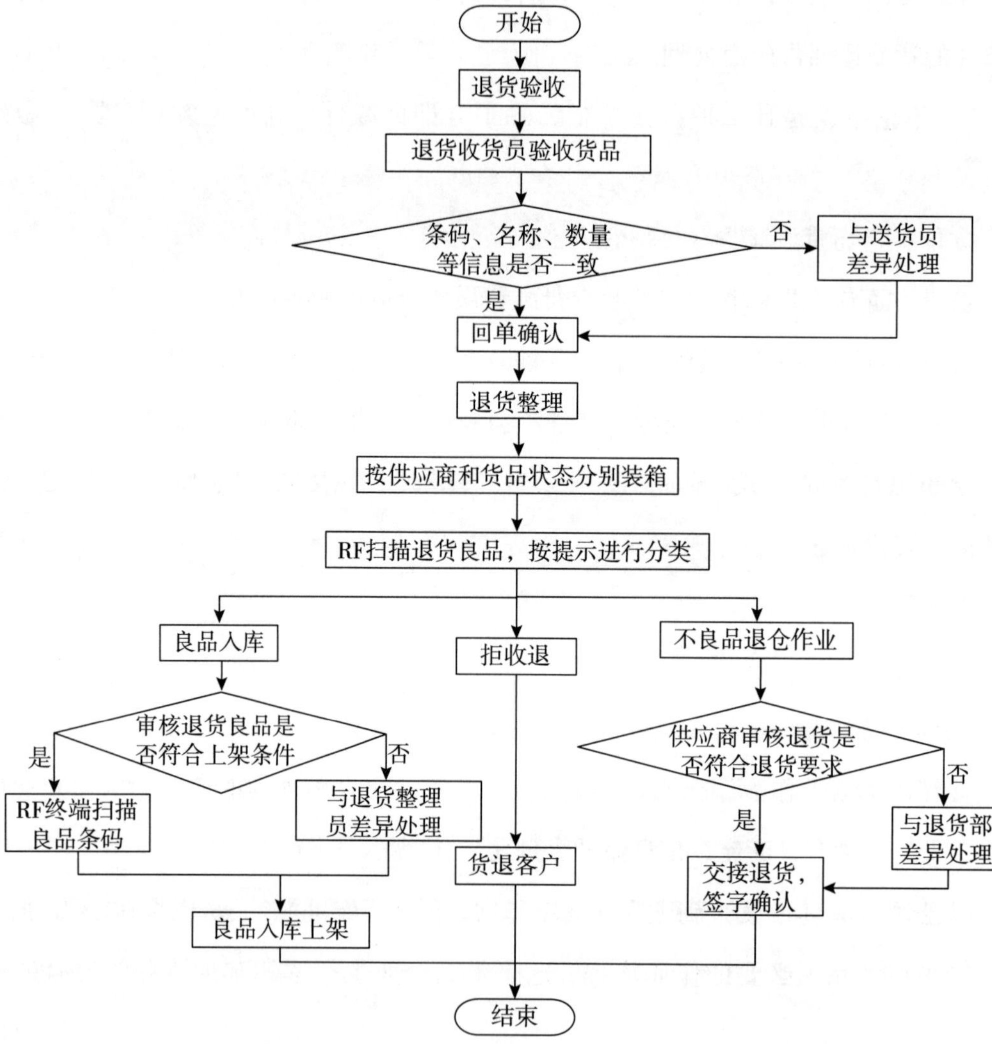

六、案例题

（1）答：造成的影响：

①客户到货预报失误，引起客户投诉。

②用户派车提货后，因提不到货品导致空驶。

③货品延误到达，造成客户投诉，以及因此产生该票运费收入被客户扣除一定比率。

④客户对企业的满意度降低。

⑤无法及时针对该错误进行修正。

供应商出现问题的原因：

①跟踪始发方法失误，无法得到翔实的信息。

②对企业的业务并非十分重视，故此，虚报信息之后，也并无看到任何改进之处。

③与行邮的关系并非很顺畅，故此容易发生由其接手的货物被延后发车。

企业内部管理方面的问题：

①跟踪方法有误，无法辨别信息真伪。

②分供方单一，A 供应商无法满足之后，企业并无其他方法。

（2）答：

①有必要，因为返品处理作业在仓储活动中占有重要的地位。从内容上讲，返品处理作业是配送作业的后续工作。在物流活动中，退货处理会大幅增加成本，减少企业利润，因此应尽可能地避免退货的产生。

②返品处理作业流程关键步骤及内容：

A. 返品验收作业

退货收货员根据配送员带回来的退货单核对退货名称、数量、规格、保质期等信息，若实际货品与退货单信息不一致，找配送员进行差异处理，并对回单进行确认。

B. 返品整理作业

退货整理员将退货收货员验收好的货品按照供应商、生产日期、货品的状态分类整理，装入物流箱中。

C. 良品入库作业

分类整理好的良品退货，交入库上架员验收。

D. 拒收退作业

对于不符合退货条件的货品，退货整理员整理后由配送员带回给客户并附带拒收退原因说明。

E. 不良品退仓作业

不良品移交供应商，供应商审核退货，若发现不符合退货条件，与退货部处理差异；符合退货条件的货品退回供应商处理。

单元8　仓库管理习题答案

一、判断题（本类题型所包含的每道小题都只有正确或错误的一种答案，你认为正确的请在答题卡对应的题号上涂A，错误的涂B。）

1. A　2. A　3. B　4. B　5. B　6. B　7. B　8. B　9. B　10. B　11. B　12. B　13. B　14. B

15. B　16. B　17. A　18. B　19. B　20. A　21. B　22. B　23. B　24. B　25. B　26. A

27. B　28. B　29. B　30. A　31. B　32. B　33. B　34. A　35. B　36. A　37. B　38. B

39. B　40. B　41. B　42. B　43. A　44. B　45. A　46. B　47. A　48. A　49. A　50. B

51. A　52. B　53. A　54. A　55. A　56. B　57. A　58. A　59. A　60. A

二、单选题（本类题型所包括的每道小题只有一个正确答案，请在给出的选项中选出正确答案。）

1. C　2. A　3. B　4. D　5. C　6. A　7. C　8. B　9. A　10. C　11. B　12. B　13. D　14. D

15. A　16. C　17. D　18. C　19. C　20. A　21. A　22. C　23. B　24. D　25. D　26. A　27. B

28. D　29. C　30. C　31. C　32. C　33. A　34. B　35. D　36. B　37. B　38. B　39. D　40. D

三、多选题（本题型所包含的每道小题都有不止一个正确答案，请选出你认为正确的答案，错选和多选者本小题不得分，少选但选项正确的可得到相应的分数。）

1. AB　2. ABCDE　3. ABCDE　4. ABCDE　5. ABCDE　6. ABCDE　7. ABCDE　8. ABCD

9. ADE　10. ABCDE　11. BCDE　12. ABCDE　13. ABCDE　14. ABCDE　15. ABC

16. ABCDE　17. BCD　18. ABCDE　19. ACDE　20. ABCDE　21. BCDE　22. ACE

23. CDE　24. ABCDE　25. ABD　26. AB　27. BD　28. ABCDE　29. ABC　30. ABCDE

四、情景问答题（请简要回答下面的问题。）

1. 答：

（1）按商品的种类和性质分区分类储存，即按商品的自然属性归类，并集中存放在适当场所。

（2）为确保商品安全，选择货位时应注意：

①怕潮、易霉、易锈的商品，应选择干燥或密封的货位；②怕光、怕热、易熔的商品，应选择低温的货位；③怕冻的商品，应选择不低于零摄氏度的货位；④易燃、易爆、有毒、腐蚀性、放射性等危险品，应存放在郊区仓库并分类专储；⑤性能互相抵触和有挥发性、串味的商品不能同区存储；⑥消防灭火方法不同的商品，要分开存储；⑦同一货区的商品中，外包装含水量过高的商品会影响邻垛商品的安全；⑧同一货区存储的商品中，要考虑有无虫害感染的可能。

2. 答：

（1）该商品受潮易发生霉变，暴晒易发生老化。

（2）存储保管要求：从防止霉腐方面：①加强商品入库验收；②加强仓库温湿度管理；③选择合理的存储场所；④合理码垛；⑤使用聚乙烯塑料薄膜密封；⑥做好日常清洁卫生和在库检查工作；⑦化学药物防腐；⑧气相防腐。

防止老化方面：①切忌露天堆放，防止日光暴晒，应放在温度变化较小的仓库内；②注意堆码方法，垛高要适度，不宜堆压太多，以免底层受压过重而造成高分子蠕变；③注意库房清洁卫生；④加强对库存商品的定期、定时检查。

3. 答：①生成盘点表；②“盘点方式” = 按储位；③“指定范围” = 01010101 ~ 09010101；④生成差异单。

4. 答：库存过量不仅会造成成本损失，而且还会导致商品过时并严重降低企业的灵活性，特别是一些创新性比较强的产品，如电子产品。一般而言，企业库存水平越低，赢利便越多，对市场条件变化的反应能力便越强。

5. 答：由于食品常常需要低温保存，因此在每一个环节都需要合乎低温标准的冷藏冷冻设备，使其保持在最适宜的低温。必须结合低温环境操作运输、仓储、包装、流通加工、信息系统等相关活动，满足顾客和社会需要。冷冻食品的物流需要考虑九大因素：①经过预处理；②急速冷冻；③ -18 摄氏度以下的温度；④妥善完整的包装；⑤减少温差；⑥缩短运转理货时间；⑦先进先出、销售周转要快；⑧小批量、高频率的配送作业；⑨严格的保质期管理。

6. 答：不合理的储存现象主要包括：保管储存时间过长；保管的数量过大；保管数量过低；保管条件不足或过剩；保管结构失衡——不同品种、规格、花色此有彼无；储存期、储存量失调；储存地域失调。

7. 答：考虑的主要因素有：

地质条件：考察所选地址的地基承载力是否满足要求，是否有不良地质现象。

水文条件：仓库如果建造在沿江靠海地区时，在选择库址时一定要考虑各种水文条件，如洪水侵患、年降水量的不均匀性、河流流速变化、水流对河岸的冲刷等以及河床泥沙的淤积等水文因素。

气候条件：温、湿度管理是仓储物资管理的重要工作，是保证物资质量完好的重要措施。因此，在仓库设计时应充分考虑气候条件对仓储物资的影响。

地形条件：地形条件也是仓库规划时必须考虑的一个重要条件。

交通运输条件：交通运输是仓库建设的重要条件，所以在进行仓库规划时就应根据目前的具体情况、仓库将来的对外运输方式（公路、铁路、水路）来规划布置。

8. 答：可以从以下几个方面入手加强人员管理的安全制度建设：

（1）对于安全问题严重、将要发生危险和危险的区域，制定限制进出的程序。

（2）员工有责任汇报不安全的情况。

（3）为了避免工作过程发生危险，相关工作人员必须穿着或佩戴相关防护设备，如面具、呼吸器等。

（4）个人防护性设备必须符合相关设计标准。

（5）个人防护性设备要定期维护和更新。

（6）如果必须依靠人工搬运才能完成的工作，雇主应对该项工作的安全性进行充分的评估。

（7）对暴露于已知风险环境中的情况，要进行长期持续的监控。

9. 答：表单盘点是比较传统的方法，盘点的依据是盘存单。RF 盘点是相对先进的方法，盘点依据是 RF 终端显示的货品信息。

两种盘点方式各自的操作步骤也不相同：

表单盘点法的主要步骤有：①盘点准备；②初盘；③复盘；④盘点核对；⑤库存统计；⑥盘点结果处理；⑦盘点确认。

RF 盘点法的主要步骤有：①盘点准备；②货品扫描；③数量输入；④数据核对。

10. 答：可按照以下程序追查差异产生的原因：

（1）检查盘点记录。当盘点发现差异时，仓管员应该首先核对盘点时的单据，以确定盘点差异是否由于盘点工作中的计数差错或记录差错造成的。

（2）检查计量用具。对盘点时采用的量具、衡具加以检查，以确定是否由于计量用具不准确而形成盘点差异。

（3）询问盘点人员。通过询问盘点人员，确定其是否有不遵循盘点工作的步骤，或有漏盘、复盘等情况发生。

（4）复核库存账目。通过复核库存账目及记账凭证，检查记账过程中是否有无凭据记录、重复记录、记录差错等情况。

（5）确定差错原因。如果经过上述步骤，发现均不是产生差异的原因后，则可判断是由于盗窃、丢失、贪污等原因产生的库存差错。

11. 答：货物安全管理方面的注意事项有：

（1）产品储存期间，要保持包装良好，垛位标识清晰。

（2）对库房存放的化工类原料，要适当隔离，经常检查，防止因包装物损坏造成泄露污染，必要时需及时更换包装。

（3）库房存储有保质期的产品，每隔一季度应对该产品状况实施一次检查，以及时发现变质情况。

（4）储存有保质期的产品应按规定确定储存时间，实行先进库先出库的原则。

（5）国家、地方或行业法规规定的有毒、有害、易燃、易爆等有特殊存放要求的货物，应按有关规定储存。

（6）库房保管员要对保管产品定期检查，用除锈、晾晒、倒垛等办法进行保养和防护。

（7）对长期保存又确实需要防锈保养的器材和设备，按有关产品设备保养需求计划进行防护。

（8）当袋装产品的原包装损坏时，或原包装不能满足必要的搬运和储存要求时，要重新进行包装。

（9）袋装产品储存时，可根据产品实际需要，采用托盘及塑料包装布进行防护，防止货物受潮变质。

12. 答：主要的注意事项有：

（1）要注意仓储区的温度、湿度，保持通风良好、干燥。

（2）仓库内要设有防水、防火、防盗等设施，以保证货品安全。

（3）仓库要注意门禁管理，不得随便入内。

（4）仓库应当设置醒目的防火标志，库区严禁吸烟和明火作业。

（5）仓库内应当按照国家有关消防技术规范，设置、配备消防设施和器材。

（6）库区以及周围50米内，严禁燃放烟花爆竹。

五、论述题

1. 答：库存ABC管理方法又叫库存分类控制法，把物品按品种和占用资金大小分类。

由于A类产品占年销售收入的绝大部分，且数量不大，因此应当特别关注。应该连续观察A类产品的库存情况。使用更为精细的预测方法，仔细地估计运作策略所需的成本参数。对B类产品，采用周期性观察，采用分组订货方式，而不是单独订货。可以不使用非常精细的预测方法。对C类产品应当最小程度地控制。对于需求适中的低价产品，采用大批量订货，以减少订货频率。

2. 答：参考答案：对于生产企业，销售物流部分的商品库存是和生产计划紧密相关的，一般通过企业ERP系统进行市场预测，根据预测安排生产，然后转化为相应的销售物流库存，并安排相应的库存地点。对于零售企业，预测库存需求后，需要向供应商发出采购订单。库存计划除考虑客户需求外，还要考虑供应商物流能力的影响。生产企业和零售企业的库存相互影响，生产企业如果能够及时、准确地获得零售商的销售数据及库存数据，其预测的准确性就会大大提高，而零售企业的补货由于供应商的供应能力限制就越少。这两者是相辅相成的，也是整体供应链需要规划和研究的课题。

3. 答：尽管在日常的订货过程中已经进行了分析，但由于实际的销售情况总是波动的，而且由于商业的目的，企业会囤放一部分货物，特别是零售企业，这部分囤货能否按时按计划卖出，直接影响了库存水平和实际的利润，库存管理部门需要在日常的库存分析和跟踪中及时提醒相关部门采取行动，这样才能使库存处于理想状态，企业利益得到保障。

六、案例题

1. 答：

（1）该企业自有仓库没有很好利用，而去外租仓库，一方面自有仓库的折旧费这一固定成本发生，另一方面外租库房要支付租金，所以该公司整体成本必然增加，利润也就减少了。

（2）降低仓储成本的途径包括：

①分类管理；

②在形成一定社会总规模的前提下，追求经济规模，适当集中库存；

③加速周转，提高单位产出；

④采用有效的先进先出方式，保证每一个被存储物的储存期不至于过长；

⑤提高存储密度，提高仓容利用率；

⑥采用有效的储存定位系统；

⑦采用有效的监测清点方式。

2. 答：

（1）仓库是商品重要的集散地，也是储藏和保管商品的场所，其价值和使用价值均很高，一旦发生火灾或爆炸等严重灾害，不仅仓库的一切设施可能被毁坏，而且客户存放在仓库中的所有商品也会全部变成一堆废品，其损失之大，远远超过一般厂房的火灾。所以对这些不安全的因素，我们只有努力克服和预防，才能保证现代仓库的安全，才能使仓库的生产正常进行。做好物资在库养护工作，确保物资安全，是仓库职工的光荣职责，做好仓库的安全工作，是仓库工作中的头等大事，也是每个仓库工作人员的重要任务。

（2）可以从以下几个方面入手进行库房安全管理。

①库房规划原则：让货物快速流转。

②库房规划与安全。

地质条件；水文条件；气候条件；地形条件；交通运输条件。

③库房平面布置设计与安全。

A. 库区的布置设计

仓库作业区、辅助生产区与行政生活区应分区布置设计。规模较大的有条件的仓库，要用实体围墙隔开。

B. 拣货线路的设计

库房所存物资的周转快慢和储量大小的要求。库内货流组织要合理，尽可能减少货流的混杂、交叉、迂回，不同的货流最好组织在不同的道路上运行。满足卫生要求。满足防火要求。

C. 库区安全防护设计

根据库房所储物资的火灾危险性类别，周围建筑物的耐火等级，确定建筑物之间必要的防火间距。为了保证防火安全和良好的卫生条件，平面布置设计时要选择有利的风向。

（3）仓库应当设置醒目的防火标志，库区严禁吸烟和明火作业。

仓库内应当按照国家有关消防技术规范，设置、配备消防设施和器材。

库区以及周围50米内，严禁燃放烟花爆竹。

不准用可燃材料搭建搁层。

不准使用碘钨灯。

不准使用日光类。

不准使用电烙铁。

不准使用电炉子。

不准使用60瓦以上的灯泡。

仓库内不准设办公室、休息室、不准住人。

单元9　信息技术应用习题答案

一、判断题（本类题型所包含的每道小题都只有正确或错误的一种答案，你认为正确的请在答题卡对应的题号上涂A，错误的涂B。）

1. B　2. B　3. A　4. B　5. B　6. B　7. B　8. B　9. B　10. A　11. A　12. B　13. B　14. B　15. B　16. B　17. B　18. A　19. A　20. A　21. B　22. B　23. A　24. A　25. B　26. B　27. A　28. A　29. A　30. A　31. B　32. A　33. B　34. B　35. B　36. A　37. B　38. B　39. A　40. A　41. A　42. B　43. A　44. A　45. B　46. A　47. A　48. A　49. A　50. A　51. A　52. A　53. B　54. B　55. B　56. B　57. A　58. B　59. B　60. A

二、单选题（本类题型所包括的每道小题只有一个正确答案，请在给出的选项中选出正确答案。）

1. B　2. C　3. A　4. D　5. B　6. B　7. B　8. D　9. A　10. C　11. D　12. A　13. D　14. C　15. B　16. D　17. C　18. B　19. D　20. C　21. D　22. D　23. A　24. B　25. D　26. C　27. A　28. D　29. B　30. C　31. D　32. B　33. B　34. A　35. A　36. A　37. A　38. D　39. A　40. D

三、多选题（本题型所包含的每道小题都有不止一个正确答案，请选出你认为正确的答案，错选和多选者本小题不得分，少选但选项正确的可得到相应的分数。）

1. ABDE　2. ABCDE　3. ABCDE　4. ABCD　5. ACE　6. ABCDE　7. AD　8. BDE　9. BCD　10. ACDE　11. ABCD　12. ABCE　13. ABCDE　14. BDE　15. ABCDE　16. ABCDE　17. ABC　18. ABCDE　19. ABE　20. ABCD　21. ABCD　22. ABE　23. ABCDE　24. ABCDE　25. ABCDE　26. ACE　27. ACDE　28. BCDE　29. ABCE　30. ABC

四、情景问答题（请简要回答下面的问题。）

1. 答：计算可供销售的数量、计算安全库存、安排货物的运输计划、确定交货周期、计算定货量等。所有计划好的补充库存数据都要进行复核，根据未来的业务，输入主机进行配送优化，最后确定各配送中心装载运输的数量，将送货单提前通知各个客户。

2. 答：由于品种繁多，网上商城需要考虑商品的分类管理，例如图书的管理、百货的管理、家电的管理就具有不同的仓库需求，但是需要运输的合并管理。

为了提高货架的利用率，在商品货位管理上，一般不采用固定拣货位的方式，每个货位既是拣货位，又是存货位，仓库管理信息系统遵循先进先出原则，详细记录每个货位的商品进出时间，出货时系统自动按照先进先出原则产生拣货顺序。机动灵活的货位管理，可以大大提高网上商城仓库管理的利用效率。

3. 答：开展电子商务物流首先要确定电子商务物流模式，包括企业自营物流模式、借助传统流通渠道、建立物流联盟、使用第三方物流、第四方物流等模式。根据每一种模式的特点和企业的具体情况，决定采用某种电子商务模式。其次采用电子商务物流的运作要求，开展电子商务物流运作，如企业针对 B2B 电子商务，主要是通过网络解决信息传递问题，针对 B2C 电子商务，根据客户订单分散繁多、批量小、批次多、周期短等情况，解决好库存管理、实现物流的经济规模等。

4. 答：

（1）物流标准化是以制定标准、贯彻标准并随着发展的需要而修订标准的活动过程，是一个不断循环、螺旋式上升的过程。

（2）物流标准是物流标准化活动的产物。

（3）物流标准化的效果只有通过在社会实践中实施标准才能表现出来。

（4）物流标准化是一相对的概念。

5. 答：物流信息标准体系框架内容可以分为：物流信息基础标准、物流信息应用标准、物流信息管理标准、物流信息服务标准和物流信息安全标准。

6. 答：通过中央计算机控制电子标签的指示灯信号、蜂鸣器声音、数码显示等信号，使作业人员正确、快速、轻松地完成补货（入库）和出货（出库）任务。它具有弹性控制作业时间、即时现场控制、紧急定单处理等功能，从而达到有效降低拣货错误率、加快拣货速度、提高工作效率、合理安排拣货人员行走路线等目的。

7. 答：看法是错误的，WMS 系统可以实现对作业的指导和规范，保证作业的准确性、速度和相关记录数据的自动登记，增加仓储管理效率、提高管理透明度、有效降低仓储作业成本。WMS 与一般的进销存软件或 ERP 软件最大的区别在于，传统的进销存软件或 ERP 只能实现对仓库作业结果的记录、核对和管理——报警、报表、结果分析，比如记录商品出入库的时间、经手人等，但不能实现对仓库作业过程的指导和规范。

8. 答：RFID 技术的优势主要体现在：

（1）借助 RFID 技术，可对货物的静态位置和动态位置进行很好的管理。

将 WMS 系统与 RFID 手持终端配合，可以在入库上架环节自动完成库存数量、储位更新，避免人工错误。

出货时可以判别是否已取货、是否拿错货。

在出货验收过程中 RFID 阅读器可以一次读取多个标签，极大地提高拣选正确率及出货验收速度。

（2）借助 RFID 技术能很好地解决物流管理中信息采集的自动化问题。

贴在单个商品、包装箱或托盘上的 RFID 标签，可以提供产品流和信息流的双向通信，并通过互联网传输从标签上采集到数据。同条码技术相比，RFID 技术可以大大削减用来获取产品信息的人工成本，使供应链管理的许多环节操作自动化。

9. 答：仓储作业流程基本相同，基于 RFID 系统的仓储作业流程也分为入库、仓库管理及出库三个核心流程。不同的是作业模式和作业细节：

（1）进货验收。同传统作业模式相同，验收员需核对供应商送货单与订货单商品信息是否一致。

（2）安装 RFID 电子标签。制作好电子标签后，即可将该 RFID 安装到相应托盘上。

（3）货品入库。货品入库时会通过门式读写器。门式读写器读取 RFID 电子标签信息，后台仓储管理系统自动记录该托盘的入库信息，并自动分配储位。

（4）仓库管理。同传统的表单盘点及 RF 盘点不同，RFID 是实时的通过固定 RFID 读写器读取存储区货品信息，作业人员可以随时比较盘点数据与系统的库存数据是否一致。

（5）货品出库。货品出库时，门式读写器会自动读取 RFID 电子标签包含的货品信息，并在数据库系统中生成出库记录，打印出库单。

（6）RFID 电子标签回收。由于 RFID 标签可重复利用，且成本较高，所以 RFID 电子标签需回收利用以降低仓储管理成本。

10. 答：CAPS 拣货系统由货架、电子标签、堆积滚筒输送线、条码阅读器、管理与监控系统构成，具有下列功能特点：

（1）提高拣货速度，降低拣货错误率。电子标签借助于明显易辨的储位视觉引导，可以把拣货作业简化为“看、拣、按”三个单纯的动作。降低了拣货人员思考及判断的时间，以降低拣错率，并节省人员找寻货物存放位置所花的时间。

（2）降低作业成本。除了拣货效率提高之外，因拣货作业所需熟练程度降低，人员不需要特别培训即能上岗工作。为此可以引进兼职人员，降低劳动力成本。

五、论述题

1. 答：仓储管理和仓储作业管理统称为仓储管理系统（Warehouse Management System, WMS）。一个好的仓储管理系统，在为仓储企业实现信息化管理的同时，还应具备向客户报告其产品动态信息的能力，应能为客户在制订生产计划、调整市场策略等方面提供参考信息，应使得仓储企业成为客户在供应链上最为紧密的合作伙伴。虽然，WMS 是一个独立的管理系统，但好的 WMS 还能够与其他企业管理信息系统实现无缝连接，包括 ERP/MRP/TMS/RF/CAPS/GPS/GIS 等，并能接收和处理来自移动管理设备如手持终端或无线射频识别技术（RFID）传送的数据。WMS 基本模块包括基本资料管理、入库作业管理、出库作业管理、库存管理、返品作业管理、储位管理、排车作业等。通过这些功能模块，WMS 系统可以实现对作业的指导和规范，保证作业的准确性、速度和相关记录数据的自动登记，增加仓储管理效率、提高管理透明度、有效降低仓储作业成本。

2. 答：

趋势之一：RFID 将成为未来物流领域的关键技术。

RFID 技术应用于物流行业，可大幅提高物流管理与运作效率，降低物流成本。另外，从全球发展趋势来看，随着 RFID 相关技术的不断完善和成熟，RFID 产业将成为一个新兴的高技术产业群，成为国民经济新的增长点。因此，RFID 技术有望成为推动现代物流加速发展的新品润滑剂。

趋势之二：物流动态信息采集技术将成为物流发展的突破点。

在全球供应链管理趋势下，及时掌握货物的动态信息和品质信息已成为企业赢利的关键因素。但是由于受到自然、天气、通信、技术、法规等方面的影响，物流动态信息采集技术的发展一直受到很大制约，远远不能满足现代物流发展的需求。借助新的科技手段，完善物流动态信息采集技术，成为物流领域下一个技术突破点。

趋势之三：物流信息安全技术将日益被重视。

借助网络技术发展起来的物流信息技术，在享受网络飞速发展带来巨大好处的同时，也时刻饱受着可能遭受的安全危机，例如网络黑客无孔不入地恶意攻击、病毒的肆掠、信息的泄密等。应用安全防范技术，保障企业的物流信息系统或平台安全、稳定地运行，是企业将长期面临的一项重大挑战。

3. 答：电子商务物流是指企业采用网络化的计算机技术和现代化的硬件设备、软件系统及先进的管理手段，针对社会需求，严格地、守信用地按用户的订货要求，进行一系列分类、编码、整理、分工、配货等理货工作，定时、定点、定量地交给没有范围限度的各类用户，满足其对商品的需求。电子商务物流由两部分组成，一部分是网络实现的信息流、商流和货币流，另一部分是实物流。这两者的关系是相互依存的，物流是电子商务优势正常发挥的基础，所以说物流是信息流和资金流的基础与载体。电子商务的开展能够有效地缩短供货时间和生产周期，简化订单程序，降低库存水平，但是，电子商务的任何一笔交易都离不开物流，没有现代化的物流运作模式支持，没有一个高效、合法、通畅的物流系统，电子商务所具有的优势就难以得到发挥，可以说物流已成为电子商务的瓶颈。

六、案例题

1. 答：

（1）在配送模式的选择上采取外包的方式。在电子商务中亚马逊将其国内的配送业务委托给美国邮政和 UPS，将国际物流委托给国际海运公司等专业物流公司，自己则集中精力去发展主营和核心业务。这样可以减少投资，降低经营风险，又能充分利用专业物流公司的优势，节约物流成本。

（2）将库存控制在最低水平，实行零库存运转。亚马逊通过与供应商建立良好的合作关系，实现了对库存的有效控制。亚马逊公司的库存图书很少，维持库存的只有 200 种最受欢迎的畅销书。一般情况下，亚马逊是在顾客买书下了订单后，才从出版商那里进货。购书者以信用卡向亚马逊公司支付书款，而亚马逊却在图书售出 46 天后才向出版商付款，这就使得它的资金周转比传统书店要顺畅得多。由于保持了低库存，亚马逊的库存周转速度很快。

（3）降低退货比率。虽然亚马逊经营的商品种类很多，但由于对商品品种选择适当，价格合理，商品质量和配送服务等能满足顾客需要，所以保持了很低的退货比率。极低的退货比率不仅减少了企业的退货成本，也保持了较高的顾客服务水平并取得良好的商业信誉。

（4）为邮局发送商品提供便利，减少送货成本。在送货中亚马逊采取一种被称之为"邮政注入"减少送货成本。所谓"邮政注入"就是使用自己的货车或由独立的承运人将整卡车的订购商品从亚马逊的仓库送到当地邮局的库房，再由邮局向顾客送货。这样就可以免除邮局对商品的处理程序和步骤，为邮局发送商品提供便利条件，也为自己节省了资金。

（5）根据不同商品类别建立不同的配送中心，提高配送中心作业效率。亚马逊的配送中心按商品类别设立，不同的商品由不同的配送中心进行配送。这样做有利于提高配送中心的专业化作业程度，使作业组织简单化、规范化，既能提高配送中心作业的效率，又可降低配送中心的管理和运转费用。

（6）采取“组合包装”技术，扩大运输批量。当顾客在亚马逊的网站上确认订单后，就可以立即看到亚马逊销售系统根据顾客所订商品发出的是否有现货，以及选择的发运方式、估计的发货日期和送货日期等信息。如前所述，亚马逊根据商品类别建立不同配送中心，从位于美国不同地点的不同的配送中心发出。由于亚马逊的配送中心只保持少量的库存，所以在接到顾客订货后，亚马逊需要查询配送中心的库存，如果配送中心没有现货，就要向供应商订货。因此会造成同一张订单上商品有的可以立即发货，有的则需要等待。为了节省顾客等待的时间，亚马逊建议顾客在订货时不要将需要等待的商品和有现货的商品放在同一张订单中。这样在发运时，承运人就可以将来自不同顾客、相同类别、而且配送中心也有现货的商品配装在同一货车内发运，从而缩短顾客订货后的等待时间，也扩大了运输批量，从而提高运输效率，降低运输成本。

（7）发展信息化，顾客可以得到以下信息：

拍卖商品的发运、送货时间的估算、免费的超节约发运、店内拣货、需要特殊装卸和搬运的商品，包装物的回收、发运的特殊要求、发运费率、发运限制、订货跟踪等。

亚马逊为顾客提供了多种可供选择的送货方式和送货期限。在送货方式上有以陆运和海运为基本运输方式的“标准送货”，也有空运方式。送货期限上，根据目的地是国内还是国外的不同，以及所订的商品是否有现货而采用标准送货、2 日送货和1 日送货等。根据送货方式和送货期限及商品品类的不同，采取不同的收费标准，有按固定费率收取的批次费，也有按件数收取的件数费，亦有按重量收取的费用。

配送管理上的科学化、法制化和运作组织上的规范化、精细化使亚马逊能够为顾客提供方便、周到、灵活的配送服务，满足消费者多样化需求。亚马逊给国内企业提供以下启发：

①物流是亚马逊促销的手段。很多年来，网上购物价格昂贵的现实是使消费者摒弃电子商务而坚持选择实体商店购物的主要因素，也是导致电子商务公司失去顾客、经营失败的重要原因。在电子商务经营处于危难的时刻，亚马逊独辟蹊径，大胆地将免费送货作为促销手段，并且不断降低免费送货服务的门槛。薄利多销、低价竞争，以物流的代价去占领市场，招揽顾客，扩大市场份额。显然此项策略是正确的，因为抓住了问题的实质。当然这项经营策略也是有风险的。因为如果不能消化由此产生的成本，转移沉重的财务负担，则将功亏一

箕。那么亚马逊是如何解决这些问题的呢？

②开源节流是亚马逊促销成功的保证。亚马逊赢利的秘诀在于给顾客提供的大额购买折扣及免费送货服务。然而此种促销策略也是一柄双刃剑：在增加销售的同时产生巨大的成本。如何消化由此而带来的成本呢？亚马逊的做法是在财务管理上不遗余力地削减成本：减少开支、裁减人员，使用先进便捷的订单处理系统降低错误率，整合送货和节约库存成本。通过降低物流成本，相当于以较少的促销成本获得更大的销售收益，再将之回馈给消费者，以此来争取更多的顾客，形成有效的良性循环。当然这对亚马逊的成本控制能力和物流系统都提出了很高的要求。此外，亚马逊在节流的同时也积极寻找新的利润增长点，有效的开源节流措施是亚马逊低价促销成功的重要保证。

③完善的物流系统是电子商务生存与发展的命脉。作为电子商务组成部分的物流已成为决定电子商务效益的关键因素。在电子商务中，如果物流滞后、效率低、质量差，则电子商务经济、方便、快捷的优势就不复存在。所以完善的物流系统是决定电子商务生存与发展的命脉。分析众多电子商务企业经营失败的原因，在很大程度上是缘于物流上的失败。正是由于亚马逊有完善、优化的物流系统作为保障，它才能将物流作为促销的手段，并有能力严格地控制物流成本和有效地进行物流过程的组织运作。

2. 答：

（1）仓储管理要与时俱进，跳出传统管理模式，采用先进手段管理仓储。而当今最先进的手段就是运用信息化管理仓储，信息化管理不仅能够达到事半功倍的效果，还能够保证业务的准确性，提高业务效率，为企业节省资金，维持企业的长远发展。

（2）一个好的仓储管理系统，在为仓储企业实现信息化管理的同时，还应具备向客户报告其产品动态信息的能力，应能为客户在制订生产计划、调整市场策略等方面提供参考信息，应使得仓储企业成为客户在供应链上最为紧密的合作伙伴，能够与其他企业管理信息系统实现无缝连接，包括 ERP/MRP /GPS 等，并能接收和处理来自移动管理设备或无线射频识别技术（RFID）装置传送的数据。

WMS 与一般的进销存软件或 ERP 软件最大的区别在于，传统的进销存软件或 ERP 只能实现对仓库作业结果的记录、核对和管理——报警、报表、结果分析，比如记录商品出入库的时间、经手人等，但不能实现对仓库作业过程的指导和规范。

（3）WMS 基本模块包括基本资料管理、入库作业管理、出库作业管理、库存管理、返品作业管理、储位管理、排车作业等。